HARVEY PENICK
UND BUD SHRAKE

---

# *Den Damen, die das Golfspiel lieben*

Anregungen und Anleitungen
für ein besseres Golfspiel

BLV

*„Dieses Buch ist das Resümee*
*eines langen Lebens*
*für und mit dem Golfsport"*

Für ein langes
Leben mit dem
Golfsport.
Alles Gute zum Geburtstag
Wolf

# Inhalt

# Einführung

von Betsy Rawls

Als ich erfuhr, daß Harvey ein weiteres Buch schrieb, mit dem er sich diesmal an die Golferinnen wenden würde, war ich begeistert. Harvey war immer ein hervorragender Lehrer – ob für Männer, Damen, Kinder, Spitzenamateure oder Professionals. Aber über die Jahre entwickelte er eine ganz besondere Beziehung zum Damengolf. Für die Herren war er ein Mentor, ein Lehrer, ein Freund. Für die Damen war er schlichtweg »Gott«.

Wann auch immer ich mit Männern über Harvey sprach, so wurden ihm großer Respekt und Verehrung entgegengebracht. Wenn ich aber mit Damen über Harvey redete, dann waren die Gespräche erfüllt von tiefer Ehrfurcht.

Ich weiß nicht genau, worin der Unterschied liegt. Ich kann nur sagen, daß die Beziehung zwischen Harvey und seinen Schülerinnen eine ganz Besondere war. Ich konnte gar einen kleinen Unterschied in Harveys Art und Weise, Damen zu unterrichten, feststellen. Er ist ein Herr mit altüberlieferten Wertvorstellungen. Dementsprechend stellt er Damen auf ein Podest und behandelt sie mit größter Sorgfalt und Einfühlungsvermögen. Kurzum, gegenüber Damen ist Harvey noch etwas liebenswürdiger und geduldiger.

Während der Jahre seines Lehrens hat Harvey erkannt, daß viele Damen keinen so natürlichen Bewegungsablauf wie Männer haben. Und daß Mädchen in der Regel keine so athletischen Voraussetzungen wie Knaben haben, weil sie zumeist keine »Bubenspiele« betreiben. In dem Bewußtsein, daß

die meisten Damen noch niemals eine Sense in den Händen gehalten haben, könnte Harvey Damen nicht sagen, daß sie »den Schläger wie eine Sense schwingen« sollten. Er wußte aber, wo er bei Damen ansetzen mußte, welche Bewegungsabläufe ihnen von Natur aus mitgegeben waren und welche sie erst noch erlernen mußten. Er kannte auch die körperlichen Unterschiede, die Damen den kraftvollen Schwung erschweren. Daher erklärte Harvey den Schwung einem Footballspieler stets anders als einer Hausfrau.
Harvey war sich stets der persönlichen Stärken, Schwächen und Fähigkeiten seiner Schüler bewußt. Entsprechend wußte er auch, auf welch unterschiedliche Weise seine Schüler unterrichtet werden mußten. Er erkannte stets, was zu ändern und was unabänderlich war. Ebenso wie er nie aus den Augen verlor, welche Lektionen für Damen besonders schwierig zu befolgen waren. Harveys besondere Fähigkeit als Lehrer lag darin, daß er jeden Schüler als Individuum betrachtete und stets aufs Neue entschied, wie dieser spezielle Schüler geführt und gelehrt werden mußte.
Die grundsätzlichen Regeln eines guten Golfschwungs gelten für jedermann. Daher hat alles, was Harvey in diesem Buch sagt, gleichermaßen Gültigkeit für Männer wie für Damen. Aber Harveys Genialität besteht darin, daß er wußte, mit welchen Worten er einer Dame zum Gefühl für einen korrekten Schwung verhelfen konnte und wie er sie zu der Schwungbewegung führen konnte, die er sich erwartete. Zudem besaß er noch die Fähigkeit, Damen auf dem Weg zu einem effizienten Golfschwung immer wieder zu ermutigen.
Harvey vermittelte jeder Dame das Gefühl, daß ihr Golfspiel sehr bedeutend sei. Was es für ihn auch war. Es machte ihm große Freude, einer weniger sportlich veranlagten Dame zu einem besseren Spiel zu verhelfen, damit sie die Runden in Begleitung ihrer Freunde fortan auch wirklich genießen konnte. Harvey hat das Golfspiel für viele seiner Schülerinnen einfacher werden lassen, weil es ihm gelang, die komplexen Faktoren des Golfspiels auf verständliche Weise darzustellen.

Harvey hat viele tausend Damen in die Faszination des Golfspiels eingeführt.
Sein großes Talent und sein unerschöpflicher Sachverstand kommen in diesem Buch zum Ausdruck.

## VON KATHY WHITWORTH

Als ich gebeten wurde, eine Einführung zu diesem Buch zu schreiben, fühlte ich mich ebenso geschmeichelt wie glücklich.
Harvey Penick hatte und hat einen großen Einfluß auf mein Leben. Es ist für mich daher eine wahre Freude, ein paar Worte über ihn und sein Buch schreiben zu dürfen. Denn schon, als er sein erstes Buch »Golfweisheiten« schrieb, wußte ich nicht, wer begeisterter war – Harvey oder seine Schüler.
Lange Zeit konnte sich Harvey nicht mit der Idee anfreunden, ein Buch zu veröffentlichen. Befürchtete er doch, daß die Leser seine Worte falsch (oder gar nicht) verstehen könnten und er dadurch das Spiel des einen oder anderen gar negativ beeinflussen könnte, anstatt zu helfen. So war es doch eine Überraschung, als er sich entschied, seine Weisheiten mit dem Rest der Welt zu teilen. Keine Überraschung war es indes für mich, daß sich sein Werk zum meistverkauften Sportbuch aller Zeiten entwickelte.
Die unter uns, die ihn persönlich kannten und von seinen Lehrstunden profitieren durften, freuen sich heute, daß dank seiner Bücher alle Golfer Harvey so kennenlernen konnten, wie uns dies vergönnt war.
Selbst wenn Sie Harveys beiden ersten Bücher nicht gelesen haben, so wird Ihnen das nun Vorliegende doch viel Freude bereiten. Wie schon »Golf-Weisheiten« sowie »Und spielst Du Golf, bist Du mein Freund« ist auch dieses Buch ebenso lehrreich wie humorvoll und philosophisch. Ich verspreche Ihnen, daß die Lektüre Ihrem Golfspiel helfen – und vielleicht gar Ihre Lebenseinstellung ändern wird.

Ich könnte Ihnen nun erklären, wieviel Harvey mir bedeutet hat und welch großen Einfluß er auf mein Leben hatte. Aber ich glaube, daß Harvey mit seinen Büchern für sich selbst spricht und Ihnen ebenso viel geben kann, wie er mir gegeben hat.
Genießen Sie es!

## VON SANDRA PALMER

Wie glücklich kann ich mich schätzen, in meinem Leben Harvey als Lehrer gehabt zu haben!
Seine Führung, seine Geduld, sein Sinn für Humor, seine Philosophie und vor allem seine Liebe zu den Menschen und dem Golfspiel gaben mir stets viel Kraft und Inspiration. Es war für mich immer aufregend, ihn aufzusuchen. Ich fühlte mich dann stets an jenen Tag vor 30 Jahren zurückversetzt, an dem ich Harvey zum ersten Male gegenüberstand. Es ist etwas ganz Besonderes, mit Harvey befreundet und seine Schülerin gewesen zu sein. Ich wünsche jedermann, ob Golfer oder Nicht-Golfer, Harvey persönlich gekannt zu haben.
Menschen wie Harvey und seine reizende Frau Helen machen diese Welt zu einer besseren Welt!

# Vorwort

Bobby Jones schrieb eine halbe Million Worte über Golf. Und meinte dann, das Thema in keinster Weise auch nur annähernd erschöpfend behandelt zu haben. In meinem ersten Buch schrieb ich nur einen Bruchteil sovieler Worte über den Golfschwung und das Golferleben. Und war doch überzeugt, alles gesagt zu haben, was ich über das Spiel wußte.

Ich sprach über Elementares, Grundsätzliches. Dabei ist das meiste, was bislang über das Golfspiel geschrieben wurde, nur Anleitungen und Empfehlungen.

Golfer sind stets auf der Suche nach neuen Empfehlungen. Daher können Autoren und Lehrer sich stets überlegen, was sie noch hätten sagen müssen.

Bobby Jones kannte Golf in einer Form, wie ich sie nie kennengelernt habe. Als weltweit erfolgreicher Spitzenspieler hat er den Nervenkitzel und die Faszination des Spiels auf einem Niveau kennengelernt, wie ich sie mir als ehemaliger Caddie und späterer Golflehrer nur in meiner Phantasie ausmalen hätte können. Seine Erzählungen von berühmt gewordenen Runden bei traditionsreichen Meisterschaften und seine Überlegungen zur von einem Meister abverlangten Willensstärke werden ihren Platz in der Literatur haben, solange es dieses Spiel geben wird.

Seine Empfehlungen sind die eines genialen Spielers.

Alle Golfer, vom Spieler mit einem hohen Handicap bis hin zum Meister, kommentieren das Spiel. Hoffnungen, Erfahrungen, Glücksmomente, Niederlagen, Verlangen, Liebe, Tod, Rückblick, Begeisterung – all dies sind Erlebnisse, die Golfer in die Pro-Shops und auf die Driving-Ranges locken.

Meine Empfehlungen sind die eines Golflehrers, der so lange dem Golfspiel verbunden ist, daß er zwei Austiner Golfclubs überlebte und der heute seinen Golfwagen unter den Eichen am dritten Loch parkt.

Vor nicht langer Zeit sprach ich mit meiner hochverehrten Freundin und Schülerin Kathy Whitworth. Wir saßen im Wohnzimmer, während meine tapfere, treue Lebensgefährtin und Frau, Helen, in der Küche telefonierte.

Die Leute rufen von überall aus an, um über Golf zu sprechen. Seit ich nicht mehr gut genug höre, um telefonieren zu können, muß Helen stets als Übermittlerin agieren. Bei manchen Anrufern handelte es sich um berühmte Leute. Ohne hier den anderen nahe treten zu wollen, glaube ich aber, daß Helen sich am meisten über die beiden Anrufe von Paul Harvey gefreut hat. Dem Paul Harvey, dessen Stimme wir 50 Jahre zuvor am Radio gelauscht hatten.

Kathy arbeitet heute als Lehrerin. Sie fragte mich, worauf ich beim Unterricht von Damen den Schwerpunkt setze. Damals half Kathy gerade, eine Gruppe von japanischen Mädchen zu unterrichten, die zur Vorbereitung ihrer Golflehrerlaufbahn nach Columbia Lakes bei Houston gekommen waren. Eines dieser Mädchen spielte seit etwa einem Jahr, war zuvor eine Spitzen-Schwimmerin gewesen und eine entsprechend hervorragende Athletin. Sie schlug den Ball sehr weit, hatte aber unverständlich große Schwierigkeiten mit dem kurzen Spiel.

»Sie haben doch soviel Erfolg beim Unterrichten von Damen. Was kann ich tun, um an dieses Mädchen heranzukommen«, fragte mich Kathy.

Wir unterhielten uns etwa eine halbe Stunde lang über das japanische Mädchen.

Was Schüler nicht realisieren – die Lehrer denken auch fernab des Platzes über sie nach. So bin auch ich öfters nachts wach gelegen und habe mir überlegt, wie ich einem Schüler helfen kann.

Nachdem Kathy gegangen war, erinnerte ich mich an all die Damen, die ich bislang unterrichten durfte. Ich dachte an all die Schülerinnen, die mich regelmäßig aufsuchen. Und ich dankte Gott, daß er mich zu einem solch glücklichen Menschen werden ließ.

In jeder Sportart bedeutet es eine besondere Auszeichnung, in die Ruhmeshalle aufgenommen zu werden. Bislang schafften es nur 13 Golferinnen, sich für die Ruhmeshalle der amerikanischen Berufsspielerinnen-Vereinigung, der LPGA-Hall of Fame zu empfehlen. Fünf dieser Damen haben mit mir an ihrem Schwung gearbeitet. Und eine weitere war kurzzeitig meine Schülerin, ehe ihr Vater verstarb und sie deswegen fortziehen mußte.

Ich habe Damen stets sehr gerne unterrichtet. Die Spitzenspielerinnen, die heute in der Hall of Fame vertreten sind, ebenso wie die Damen, die »nur« mit ihren Männern spielen wollten. Die Geschäftsfrauen, die Kundengespräche auf dem Golfplatz führen wollten, ebenso wie die Freundinnen, die sich auf ihre regelmäßige Runde freuten oder die Studentinnen, die sich für die Universitäts-Mannschaft qualifizieren wollten. – Sie alle waren entzückend.

Mich beeindruckt ein gut getroffener Ball einer Dame, einer Geschäftsfrau, einer Club- oder einer Universitäts-Team-Golferin ebenso wie der perfekte Schlag einer Hall of Fame-Spielerin.

Die meisten Damen fühlen, daß ich ihnen so gerne helfen möchte, daß ich derjenige bin, der nervös wird. Ich lasse jede Schülerin sich ganz auf ihre Schwungbewegung konzentrieren, ohne daß sie Angst haben müßte, von mir gerügt zu werden. Wie sage ich immer? »Seien Sie ganz locker. Sie werden nichts tun, was ich nicht schon einmal gesehen hätte.«

Wie jedermann weiß, müssen alle guten Golfschwünge während einer kurzen Schwungphase die gleichen Bewegungen durchlaufen. So sind die Stellung der Schlagfläche und die Schlägerkopf-Geschwindigkeit im Treffmoment bei allen Schwüngen die entscheidenden Faktoren.

Wobei es dem Schläger egal ist, ob er von einer Frau oder einem Mann geschwungen wird.

Aber es ist etwas anderes, einer Dame dies beizubringen, als einem Mann.

Mein Freund Tommy Armour, ein berühmter Spieler und Lehrer, schrieb: »In all meinen Jahren als Golflehrer war der Unterschied zwischen dem Unterrichten einer Dame oder eines Herren immer ein großes Problem. Obwohl beide zwei Arme und zwei Beine haben, unterscheiden sie sich in ihrem Körperbau grundlegend. Männer sind viel stärker und haben in der Regel bessere athletische Voraussetzungen. Für mich war es stets sehr schwierig, mich mental auf diesen Unterschied einzustellen. Dieser Unterschied macht, hierin werden mir viele Kollegen beipflichten, das Golf-Unterrichten zu einer schweren Aufgabe.«

Damen haben Eigenschaften, die man nicht außer Betracht lassen darf. So ist ein typisches Problem der Damen die Länge ihrer Schläge. Ich mußte beinahe immer versuchen, meinen Schülerinnen zu mehr Länge und einem kraftvolleren Schwung zu verhelfen.

An meiner grundsätzlichen Lehrmethode ändert sich nichts, wenn ich eine Dame vor mir habe. Was sich ändert, ist die Art und Weise meiner Erklärungen.

Ich freue mich, daß die Hälfte aller Golf-Anfänger Damen sind.

Mich schaudert allerdings bei dem Gedanken, daß diese Damen schlechte Ratschläge von ihren Männern, Vätern oder Freunden erhalten. Ratgebern also, die besser ihr eigenes Spiel im Auge behalten sollten.

Eine Dame, die mit dem Golfspiel beginnen möchte, sollte sobald wie möglich zu einem qualifizierten Golflehrer gehen.

Sollte sich kein Lehrer finden lassen und Sie deshalb wissen möchten, wie ich Damen zu unterrichten pflege, dann hoffe ich, Ihnen mit den Lektionen und Empfehlungen in diesem Buch zu helfen.

Bobby Jones erklärte die immerwährende Suche der Golfer nach neuen Empfehlungen einst wie folgt: »Golf ist ein Spiel zum Verzweifeln, weil man etwas, was man gelernt hat, sehr leicht wieder vergessen kann. Daher kämpft der Golfer Jahr für Jahr gegen Fehler, die längst entdeckt und korrigiert wurden. Wobei keiner Korrektur ein langanhaltender Effekt beschert ist. Sobald sich unsere Gedanken mit einem anderen Teil des Schwungs befassen, werden die alten Fehler wieder auftauchen – und uns ärgern.«

Aus diesem Grunde glaube ich nicht, daß Worte einen Bewegungsablauf ausreichend beschreiben können. Je mehr die Worte ins Detail gehen, desto mehr werden sie unsere Muskulatur verwirren, die versucht, alle Anleitungen und Empfehlungen zu befolgen.

Daher werde ich immer davon überzeugt sein, daß leicht verständliches Lehren mit Hilfe von einfachen Bildern, die man in die Gedankenwelt der Schüler pflanzt, das beste und langanhaltenste Ergebnis versprechen. Die technischen Faktoren regeln sich von alleine, wenn man sich an die einfachen Vorstellungen erinnert und sich auf deren Wirksamkeit verläßt.

Ich wünsche mir, daß Golflehrer und Schüler die Zeit, die sie der Lektüre dieses Buches widmen, rückblickend als sinnvolle Zeit empfinden. Dieses Buch ist das Resümee eines langen Lebens für und mit dem Golfsport.

Der Tag, an dem ich aufhöre zu lernen, ist der Tag, an dem ich aufhöre zu lehren!

Harvey Penick
Golflehrer im Ruhestand
Austin Country Club, 1995

## Unterricht am Nachmittag

Es war an einem frühen, heißen Samstagnachmittag im Juli. Ich war im Club gewesen und hatte Sandra Palmer etwa eine Stunde lang beim Bälleschlagen zugesehen. Nun war ich zurück zu Hause, saß in meinem Clubsessel im Wohnzimmer und fühlte mich irgendwie unwohl, wie von der Sonne ausgelaugt. Ich hatte vor, mir eine Tasse Suppe oder ein Sandwich zum Mittagessen zuzubereiten. Danach wollte ich die Post durchsehen und einige Briefe beantworten, bevor die Fernsehübertragung von der US Women's Open, den offenen amerikanischen Damen-Meisterschaften begann. Sandra, die das Wochenende über unser Gast war, hatte angekündigt, nach dem Bälleschlagen zu kommen, um mit mir gemeinsam das Meisterschaftsgeschehen zu verfolgen. Es war für mich ein aufregender Gedanke, die US Women's Open gemeinsam mit der Open-Gewinnerin Sandra ansehen zu können. Ich war mir sicher, daß mich dieses Erlebnis sehr inspirieren würde.
Aber plötzlich trat mein Sohn Tinsley ins Haus und sagte: »Vater, wir brauchen Dich im Club.«
»Was ist denn los?«, wollte ich wissen.
»Eine Dame benötigt Deine Hilfe.«
»Muß das unbedingt jetzt sein?«, fragte ich.
»Vater, sie ist von sehr weit hergekommen und brennt darauf, Dich kennenzulernen.«
Normalerweise wäre ich sofort aufgestanden, hätte mich in meinen Golfwagen gesetzt und wäre zum Club zurückgefahren. Denn ich hätte niemals eine Dame enttäuschen können. An diesem 40 Grad heißen Tag allerdings fiel es mir schwer, mich aufzuraffen. Zumal ich ja noch verschiedene Dinge zuhause erledigen wollte.
»Was könnte Ihr Problem sein?«, fragte ich.
»Sie bekommt den Ball nicht in die Luft«, antwortete Tinsley.
Das war alles, was ich hören mußte.
»Hilf' mir aus meinem Stuhl«, bat ich ihn.
Frustrierten Golferinnen zu helfen, den Ball in die Luft zu be-

kommen, ist eine Herausforderung, die ich liebe. Jedesmal, wenn ich die Aufgabenstellung löse, freue ich mich darüber ebenso sehr wie die Schülerin. Aus Freude bekomme ich dann eine Gänsehaut, als stünde ich inmitten eines Blitzgewitters.
Eine attraktive Dame erwartete mich bereits auf der Driving-Range, als ich mit meinem Golfwagen dort ankam. Sie stellte sich als Susan Baker vor. Sie erzählte mir, daß ihr Mann James auf der Runde sei. Daß sie abwechselnd in Houston und in Washington D.C. wohnten. Und daß sie nun nach Austin gekommen seien, um einer Hochzeit beizuwohnen.
»Nehmen Sie Ihr Eisen 7 und lassen Sie mich ein paar Schläge sehen«, forderte ich sie auf.
Es galt, erst einmal herauszufinden, worin die Ursache ihres Problems lag. Ob in der Schwungkurve oder in der Stellung der Schlagfläche.
Ihr Schwung wirkte auf mich sehr gut, aber jeder ihrer Bälle rollte nur etwa 30 Meter den Boden entlang.
»Ich hatte schon einige Unterrichtsstunden, und dennoch mache ich immer diesen Schlag«, sagte sie.
Ich schaute auf ihre Hände. Ihr Griff schien mir zunächst vernünftig zu sein. Aber nachdem ich mich überzeugt hatte, daß ihr Schwung in Ordnung war, wußte ich, daß die Ursache im Griff zu suchen war.
Ich bat sie, ihren Handschuh auszuziehen.
Und natürlich lag hier der Fehler verborgen!
Sie griff den Schläger zu weit an dessen unteren Seite und wickelte anschließend ihre Handballen nach oben, wodurch der Fehler verdeckt wurde und der Griff auch ganz brauchbar wirkte.
»Würde es Ihnen etwas ausmachen, wenn wir mit einigem neu beginnen?«, fragte ich sie.
»Bitte, tun Sie das nur«, ermunterte sie mich.
»Lassen Sie uns das Wort 'Griff' vergessen. Denken Sie nur daran, Ihre Hände um den Schlägergriff zu legen. Lassen Sie mich Ihnen bitte helfen, den Schläger zu greifen. Schauen Sie, wie Ihre Hände ganz natürlich an Ihren beiden Körperseiten

herunterbaumeln. Nun legen Sie Ihre linke Hand ganz natürlich um den Schlägergriff, so, daß Sie drei Knöchel sehen. So ist's gut, genau so möchte ich es haben. Ändern Sie nun nichts mehr an Ihrer linken Hand. Und drehen Sie sie nicht. Legen Sie Ihre rechte Hand an den Schlägergriff, so, daß ihre Lebenslinie genau auf ihrem linken Daumen liegt. So ist es sehr gut!«

Ich beugte mich zu ihr vor und berührte ihren linken Ellbogen.

»Verkrampfen Sie nicht in Ihrem Ellbogen«, sagte ich dabei.

Der Griff ihrer beiden Hände lockerte sich. Das ist genau das, was zumeist als erstes passiert. Ich bat sie erneut, den Schläger zu greifen, so wie wir es zuvor bereits getan hatten. Also ohne den linken Arm zu verdrehen oder die Stellung der Handflächen zu verändern. Es geht nur darum, die Hände natürlich um den Schlägergriff zu legen und den Schläger locker zu halten.

Erneut berührte ich ihren Ellbogen.

»Sie dürfen den Schläger natürlich nicht loslassen. Aber verkrampfen Sie dennoch nicht im Ellbogen oder in den Schultern«, sagte ich.

Ich sah, wie sich ihre Ellbogen entspannten. Und auch ihre Schultern wirkten weniger angespannt.

Ich applaudierte zustimmend.

»Nun suchen Sie sich einen Punkt im Gras aus und schwingen Sie genau durch die Stelle hindurch.«

Susan machte mehrere gute Probeschwünge, mit denen sie das Gras streifte.

»Setzen Sie nun ein Tee in den Boden«, fuhr ich fort. »Wobei wir noch gar keinen Ball brauchen, sondern nur das Tee. Machen Sie bitte einige Schwünge, mit denen Sie das Tee streifen. Der Schwung muß sich leicht anfühlen, Sie müssen damit aber das Tee hart genug treffen, um es wegzuschlagen.«

Nachdem Susan das Tee ein halbes Dutzend Male mit einem guten, sanften, vollen Schwung gestreift hatte, forderte ich sie auf, einen Ball auf das Tee zu legen.

»Beachten Sie den Ball gar nicht. Versetzen Sie nur, wie bisher, dem Tee einen kräftigen Schlag«, ermunterte ich sie.
Susan schlug den Ball so weit, daß meine Augen seinen Flug nicht bis zum Ende verfolgen konnten. Natürlich sind meine Augen nicht mehr so gut, wie sie einst waren. Dennoch kann ich sagen, daß sie ihr Eisen 7 gut und gerne 90 Meter weit geschlagen hatte.
Sie stieß einen Freudenschrei aus. Sie hüpfte aufgeregt auf und ab. Sie beugte sich zu mir vor und küßte mich. Und in mir griebelte es vom Kopf bis in die Fußspitzen.
»Ich hätte nie für möglich gehalten, daß das möglich ist«, sagte sie. »Lassen Sie es uns noch einmal versuchen.«
Der Erfolg wiederholte sich mehrere Male. Sie streifte das Tee mit einem schönen Schwung, und der Ball flog – mit einer schönen, hohen Flugkurve – 90 Meter weit.
»Nehmen Sie nun das Holz 3«, stoppte ich sie schließlich.
Für einen Moment sah ich Furcht in ihren Augen.
»Glauben Sie mir«, beruhigte ich sie. »Sie können das. Machen Sie nur genau dasselbe, wie soeben mit dem Eisen 7.«
Was, glauben Sie, passierte?
Mit ihrem Holz 3 schlug Susan den Ball 150 Meter weit.
Sie war überrascht. Und sie war so begeistert, daß ihr Tränen in die Augen schossen.
Und mir wich das Blut aus meinen gänsehautüberzogenen Armen.
»Hören Sie mir zu«, sagte ich. »Vergessen Sie nie: Was wir, beziehungsweise Sie, heute hier getan haben, funktioniert genauso in Houston oder in Washington D.C., wie jetzt hier im Austin Country Club. Wenn Sie sich daran erinnern, dann werden Sie fortan keine Probleme mehr haben, den Ball zu treffen.«
Ich wünschte ihr noch viel Spaß mit ihrem Golfspiel und bat sie zurückzukehren, wann auch immer sie das Gefühl hätte, mich zu brauchen.
»Und richten Sie Ihrem Mann bitte meine besten Grüße aus«, sagte ich noch.

Als mich Tinsley in meinem Golfwagen wieder nach Hause fuhr, fragte er mich, ob ich wisse, wer ihr Mann sei.
»Jim«, antwortete ich.
»Ihr Mann ist James Baker. Er war Staatssekretär und Stabschef von Präsident Bush«, klärte mich mein Sohn auf.
Ich bin politisch keine sehr bewanderte Person. Aber ich habe eine Schwäche für Präsident Bush. Er hat mir mal einen handgeschriebenen Brief geschickt, der heute gerahmt an meiner Schlafzimmerwand gleich neben dem Hauseingang hängt. Wenn ich nachts vor Schmerzen mal nicht schlafen kann, blicke ich oft auf den Brief und vergewissere mich, daß sich der Präsident wirklich hingesetzt hat, um einem ehemaligen Caddie einen Brief zu schreiben.
Zurück zuhause, saß Sandra bereits vor der US Women's Übertragung. Als ich mich zu ihr in meinen Clubsessel setzte, erzählte sie mir die aktuellen Zwischenergebnisse.
Der schwedische Star Helen Alfredsson war mit einem deutlichen Vorsprung in die Samstagsrunde gegangen. Nun aber zeigte sie Nerven.
Bis zu diesem Moment hatte sie auf zehn Löchern acht Schläge verloren. Es tat richtig weh, das zu sehen. Und sie tat mir sehr, sehr leid. Wir wissen zwar alle, daß auch die besten Golfer vor solchen Einbrüchen nicht gefeit sind, aber dennoch fühlte ich mit dieser reizenden jungen Dame, die soviel Talent hat.
Plötzlich, es waren noch einige Löcher zu spielen, beendete das Fernsehen mein Leiden mit Helen Alfredsson. Wodurch ich den US Women's Open-Schlußspurt von Patty Sheehan und anderen Spitzenspielerinnen nicht miterleben konnte. Und was mich um das Vergnügen brachte, die Kommentare von Judy Rankin zu hören, die ebenfalls einst meine Schülerin war.
Eine männliche Stimme teilte uns nämlich mit, daß die Übertragungszeit abgelaufen sei und man jetzt zu einer Leichtathletik-Veranstaltung in Russland umschalten müsse.
»Können Sie sich vorstellen, daß das bei der US Open der Herren passieren könnte«, erboste sich Sandra. »Wenn ein Spit-

zenspieler einen haushohen Vorsprung einbüßt und ein anderer Topspieler so toll aufgeholt hätte, glauben Sie, daß der Sender auch dann zu einem Leichtathletik-Meeting in einem anderen Land umgeschaltet hätte, das zudem zeitversetzt ausgestrahlt wird. Glauben Sie, daß das irgendjemand gewagt hätte?«

»Ich glaube nicht«, bestätigte ich.

»Sie wissen genau, daß sie es nicht getan hätten«, beharrte Sandra.

Sie ging hinaus.

»Ich geh' zurück auf die Driving-Range« sagte sie noch. »Wenn sie mich schon nicht die Women's Open bis zum Ende sehen lassen, dann können sie mich wenigstens nicht am Üben hindern.«

So widmete ich mich meiner Post und beantwortete einige Briefe. Es war sowieso zu heiß, um etwas anderes zu tun. Aber dennoch fühlte ich mich jetzt viel besser als zuvor.

Ich erinnerte mich an Susan Bakers große Freude, als sie ihren Ball 150 Meter weit fliegen sah. Für Momente wie diese lebe ich.

Und wenn genügend Susan Bakers im Golfspiel diese Freude und Befriedigung finden, dann wird eines Tages auch das Fernsehen die Golferinnen mit jenem Respekt behandeln, der bislang den Männern vorbehalten ist.

## Der Ball soll fliegen

Während der 70 Jahre, die ich Golf unterrichtete, habe ich fast jeder Schülerin das gleiche wie Susan Baker gesagt.

Ich habe sie sanft am Ellbogen berührt und dabei gesagt: »Verkrampfen Sie nicht im Ellbogen.«

Als Reaktion darauf, lockerten die Schülerinnen dann immer ihren Griff.

Dies zeigt mir, daß Frauen den Ellbogen als Teil ihres Griffes ansehen.

Wenn die Anfängerin versucht, den Ball zu schlagen, dann tut sie dies erst einmal mit dem Ellbogen.

Warum ist das so?

Ich glaube, es liegt hauptsächlich daran, daß Mädchen ohne Schläger-/Ballspiele aufwachsen.

In den vergangenen Jahren hat die Präsenz von Frauen im Sport stark zugenommen. Viel mehr Mädchen betreiben heute auch Mannschaftssportarten wie Baseball oder Softball. So lernen sie Schläger-/Ballspiele. Sie lernen, einen Ball mit einem Schläger zu schlagen. Als Ergebnis kommen in meinen Augen junge Mädchen zum Golfsport, die bereits gute Athletinnen sind und bereits gelernt haben, ihre sportlichen Fähigkeiten einzusetzen. Während sie sich früher teilweise sogar darauf konzentrierten, diese zu vertuschen.

Aber selbst bei vielen dieser jungen Athletinnen muß ich immer noch erst einmal das Armgelenk berühren und sagen: »Verkrampfen Sie nicht im Ellbogen.«

Zuerst berühre ich immer den Ellbogen. Aber falls notwendig – was es zumeist auch ist – berühre ich auch noch die Schultern und verweise darauf, daß auch hier mehr Lockerheit angebracht ist.

Ich glaube, Damen sollten sich folgenden Satz mit roter Tinte notieren: »Verkrampfe nicht im Ellbogen und in den Schultern.«

Mir scheint es, als ob Damen von Natur aus mehr dazu neigen, zu stoßen als zu schwingen und zu werfen.

Anstatt mit lockeren Ellbogen, Unterarmen und Schultern zu schwingen, neigen Anfängerinnen dazu, zu verkrampfen und mit einer steifarmigen Bewegung den Ball zu stoßen.
Diese Stoßbewegung wird noch verstärkt durch das Bestreben der Anfängerinnen, den Ball in die Luft zu schlagen.
Bevor er sich verbessern kann, muß jeder Golfer lernen, daß der Ball nur in die Luft fliegt, wenn ihm ein harter Schlag versetzt wird. Solange man versucht, den Ball in die Luft zu stoßen, wird er nur den Boden entlang kullern.
Darum vermeide ich auch Sprüche wie: »Schlag' auf den Ball herunter.«
Warum ich auf diesen weitverbreiteten Ratschlag verzichte? Nun, ich bin der Meinung, daß sie dem Schüler eine falsche Vorstellung vermitteln. Bei dem Gedanken, auf den Ball herunterzuschlagen, beginnt der Schüler bereits am höchsten Punkt des Rückschwungs mit dem Herunterschlagen. Womit wir beim schlimmsten Fehler im Golf wären. Das Herunterschlagen vom höchsten Punkt des Rückschwungs ist die schlimmste Sünde im Golf und der hartnäckigste Fehler.
Dennoch bleibt natürlich die Tatsache, daß man auf den Ball schlagen muß, um ihn in die Luft zu bekommen.
Bei einem guten Eisenschlag trifft das Schlägerblatt am tiefsten Punkt des Abschwungs auf die Rückseite des Balles. Der Loft des Schlägerblattes bewirkt dann das Steigen des Balles.
Um genau zu sein, trifft man bei einem guten Eisenschlag die Rückseite des Balles unmittelbar bevor der Schlägerkopf den tiefsten Punkt des Abschwungs erreicht. Der Ball klettert auf die Schlagfläche und steigt dann in die Luft, während sich der Schlägerkopf weiter durch den Boden bewegt und erst im Durchschwung wieder steigt. Bei einem guten Eisenschlag reißt der Schlägerkopf einen schmalen Streifen Gras und Erde aus dem Boden.
Dieses Stückchen Gras oder Erde, Divot genannt, stellt viele Anfängerinnen vor große Probleme.
Denn Damen möchten keine Divots schlagen. Weil sie das Gras nicht beschädigen möchten.

Mickey Wright erzählte mir, daß ein Psychiater nach einem Turnier von ihr wissen wollte, warum sich Golferinnen fürchteten, Divots zu schlagen.
»Fürchten Sie sich?« entgegnete Mickey. (Als eine der besten Spielerinnen der Golf-Geschichte vermied Mickey Divots höchstens, wenn sie in ihrem Wohnzimmer auf dem Teppich übte.)
»Ja, das tun sie«, insistierte der Psychiater. »Und ich kann Ihnen auch sagen, warum. Frauen fürchten Divots zu schlagen, weil sie die Erde nicht beschädigen möchten.«
Ich versichere meinen Schülerinnen, daß ein Divot ebenso hilfreich wie harmlos ist. Die Erde hat nichts gegen ein gutes Divot. Wobei ich mit »gutes Divot« das in der Größe und der Figuration einer Dollarnote meine. Die Erde ist weniger begeistert von solch tortenblech-großen Divots, die manche Spieler herausschlagen. Aber selbst die akzeptiert die Erde als Teil des Spiels – und sie wird sich in jedem Falle rasch wieder regenerieren.
Ein guter Spieler kann einen vollen Schlag ausführen, ohne ein Divot zu schlagen. Aber diese Fähigkeit liegt weit über dem Können der meisten Golfer.
Was Sie tun können, um Ihren Ball in die Luft zu schlagen? Verkrampfen Sie nicht in den Ellbogen, den Armen oder in den Schultern. Und machen Sie dann eine kräftige Schwungbewegung. Der einzige Weg, den Ball in die Luft steigen zu sehen, ist, ihn zu schlagen.

## Schlag' kräftig zu

Eines Morgens kam eine Dame mit einem teuren ausländischen Wagen mit kalifornischer Zulassung in unseren alten Austin Country Club, der noch am Riverside lag. Mit energischen Schritten betrat sie den Pro-Shop und fragte mit lauter Stimme: »Wo finde ich den Mann, der sich Mister Penick nennt?«.

Ich blickte von meinem Heft auf, in dem ich mir gerade Notizen über einen Schüler machte, den ich zuvor unterrichtet hatte.

Ich sagte: »Mister Penick ist mein Vater. Ich bin sein Sohn, Harvey.«

»Wer von Euch beiden ist der Lehrer?«

»Das wäre dann wohl ich«, sagte ich.

»Gut, dann lassen Sie uns an die Arbeit gehen.«

Der Klang ihrer Stimme und die Art, wie sie sich bewegte, verriet, daß sie es gewohnt war, den Ton anzugeben. Nicht, daß ich etwas an weiblichen Vorgesetzten auszusetzen hätte, aber es ist kein guter Start ins gemeinsame Golferleben, wenn der Schüler dem Lehrer Befehle erteilt.

»Ich bin bereits beschäftigt«, klärte ich sie auf, während ich mich wieder meinem Notizheft zuwandte.

»Ich meine, daß Sie sich an die Arbeit eines Golflehrers machen und mir eine Unterrichtsstunde geben sollen.«

»Ich kann Ihnen etwas beibringen, ohne daß ich auch nur einen Schritt tue«, entgegnete ich. »Als erstes kann man lernen, daß Golf keine Arbeit ist. Golf ist ein Spiel. Außerdem gefällt mir nicht, daß Sie das Wort Unterrichtsstunde benutzen. Ganz so, als sei es etwas, was Sie tun müßten. Wenn Ihre Mutter Sie gezwungen hat, Klavierstunden zu nehmen, während Sie lieber mit Freunden zum Schwimmen gegangen wären, dann waren das Unterrichtsstunden.«

Ein eigenartiges Lächeln schlich sich auf ihre Lippen. Sie war so überrascht, als ob ihr der Caddie gesagt hätte, sie möge ihren Bag doch selber tragen.

»Harvey, was machen Sie, wenn Sie keine Stunden geben?«, fragte sie mich.

»Ich führe Leute zum Lernen«, sagte ich.

»Gut, dann lassen Sie uns jetzt mit dem Führen und Lernen beginnen. Ich habe schließlich nicht den ganzen Tag Zeit.«

»Warum spielen Sie Golf?«. Diesmal war ich es, der eine Frage stellte.

Sie war schon beinahe draußen, als sie diese Frage vernahm. Sie blieb stehen und wandte sich mir zu. Offensichtlich wunderte sie sich, an was für eine Person sie da in der texanischen Wildnis geraten war.

»Warum?«, wiederholte sie.

»Spielen Sie zur Übung, weil Sie Gesellschaft suchen oder aus geschäftlichen Gründen. Spielen Sie, um ihren Mann zu begleiten oder weil Sie das Spiel lieben?«

»Ich spiele für den Wettbewerb. Ich möchte die anderen Damen in meinem Club schlagen und, wenn möglich, auch die Herren.«

»Und wieviel Zeit möchten Sie für Ihr Training aufbringen?«, fragte ich sie.

»Dienstags spiele ich mit Freunden und samstags mit meinem Mann sowie einem anderen Ehepaar. Wir haben zwei Kinder in der Oberschule und eines, das an der Universität von Kalifornien studiert, aber zuhause wohnt. Ich besitze eine Kette von Oberbekleidungsgeschäften sowie einige Pferde, was mich zeitlich auch in Anspruch nimmt. Aber ich glaube, zweimal die Woche könnte ich mich schon eine Stunde lang dem Golftraining widmen.«

Wir gingen zur Driving-Range. Ich bat sie, mit dem Eisen 7 einige Probeschwünge zu machen. Als sie den Stand einnahm, sah ich, daß sie einen guten Griff hatte.

Ihre Probeschwünge waren sehr gut, langsam und rhythmisch. Ich liebe ruhige Rückschwünge. Bobby Jones' Lehrer, Stewart Maiden, sagte mal zu ihm: »Du schlägst den Ball nicht mit Deinem Rückschwung!«. Ich beherzige die Philosophie von Maiden. Denn zwei Lehrer haben einen großen Einfluß auf mich ausgeübt – Maiden und seine große Schülerin, Glenna Collet Vare.

Die Dame schwang immer noch langsam und ästhetisch. Sie war immer noch dabei, sich aufzuwärmen. Dachte ich.

Ich steckte ein Stückchen Holz in den Boden. »Streifen Sie jetzt bitte mit dem gleichen Schwung dieses Tee«, forderte ich sie auf.

Sie wiederholte Ihren langsamen Schwung und traf auch das Tee, das sich jedoch nicht einmal zur Seite bog, während sie ihren Schwung mit einem gut ausbalancierten Durchschwung beendete.

»Bitte noch einmal«, sagte ich. »Und dieses Mal schlagen Sie bitte hart zu.«

Der rhythmische Schwung verlangsamte sich gar noch in jeder seiner Einzelphasen. Ihr Schlägerblatt schlug in den Boden, was jedoch nicht einmal ein Divot verursachte.

»Ist Ihnen das jetzt hart genug?«, fragte sie.

Diese Frau war völlig kraftlos.

Sie wußte viel über das Grundsätzliche des Golfschwungs: Füße, Ansprech- und Ballposition, Griff sowie Körperdrehung. Sie hatte einen korrekten Rückschwung und war sich bewußt, daß sie den Ellbogen im Abschwung wieder zum Körper zurückführen mußte. Und sie hatte einen schönen Durchschwung, bei dem sie die Ellbogen hoch hielt.

Sie sah sehr gut aus. Aber sie fiel im Schwung auseinander.

»Wie weit schlagen Sie Ihr Eisen 7?«, wollte ich wissen.

»Etwa 50 Meter.«

Stellen Sie sich das vor! Solch ein schöner Schwung mit einer so geringen Effizienz.

Sie hatte zwar den Schwung gelernt, aber nicht, den Ball zu schlagen. Es ging ihr mehr um die optische Ausführung des Schlages, als darum, den Ball weit die Spielbahn hinunterzuschlagen.

»Haben Sie einen richtig schlimmen Feind?«, fragte ich sie, während ich den nächsten Ball vor ihr aufteete.

»Wie bitte?«

»Jemanden, dem Sie es schon lange mal so richtig zeigen möchten!«

»Ja, da fällt mir jemand ein.«

»Dieser Ball hier ist der schlimmste Feind, den Sie sich vorstellen können. Werden Sie jetzt richtig böse und schlagen Sie ihn so hart, wie nur irgend möglich.«

»Aber der Golfschwung soll doch leicht und nicht hart sein«, entgegnete sie.

»Sie denken jetzt an 'Schwingen Sie so ruhig wie möglich, aber treffen Sie den Ball hart«, sagte ich, wobei ich den bekannten Ausspruch von Julius Boros zitierte. »Vergessen Sie das bitte für diesen einen Schwung. Ich möchte, daß Sie so hart wie nur möglich schwingen und daß Sie Ihren Feind mit aller Kraft treffen.«

Sie versuchte mit aller Gewalt, den Gegner vernichtend zu schlagen. Sie riskierte dabei sogar ihren schönen runden Schwungablauf. Aber dennoch flog der Ball nur runde 50 Meter weit.

»Diesmal habe ich ihn aber erwischt«, frohlockte sie.

Sie glaubte, den Ball hart getroffen zu haben. Sie wußte nur nicht, was es bedeutet, einen Ball hart zu treffen. Was noch schlimmer war – sie hatte überhaupt keine Golf-Muskulatur. Ihr nahezu perfekter Schwung war kraftlos, weil sie eben keine Golf-Muskulatur hatte. Sie hatte einen tollen Körper, der aber für das Golfspiel gänzlich ungeeignet war.

»Schlagen Sie ein paar Bälle«, sagte ich. »Ich komm' gleich wieder.«

Im Pro-Shop fand ich ein altes Holz 4. Ich befestigte ein paar Bleistreifen am Schlägerkopf. Dadurch wurde er so schwer, als ob ich vier Silberdollars hinzugefügt hätte.

Ich ging zurück auf die Driving-Range. 50 Meter von der Dame entfernt war das Gras übersät von den Bällen, die sie in der Zwischenzeit mit dem Eisen 7 geschlagen hatte.

»Nun, Harvey. Was haben Sie mir zu sagen?«, fragte sie.

»Es gibt nur eines, was ich für Sie tun kann«, antwortete ich. Ich übergab ihr das präparierte Holz 4.

»Nehmen Sie diesen Schläger mit«, sagte ich. »Und versprechen Sie mir, in den kommenden drei Wochen täglich zehn Schwünge damit zu machen. Dienstags und samstags schwingen Sie allerdings erst damit, nachdem Sie Golf gespielt haben. Auf keinen Fall vorher. Nach den drei Wochen erhöhen Sie die Anzahl der täglichen Schwünge auf 25 pro Tag. Denken Sie an eine ruhige Kopfhaltung, während Sie stets auf einen bestimmten Punkt schwingen. Nach einigen Wochen werden Sie einen Unterschied feststellen. Wenn Sie ein Jahr lang täglich 25 Schwünge mit diesem Schläger gemacht haben, werden Sie im Spitzenflight Ihres Clubs spielen.«

Sie blickte skeptisch auf den Schläger. »Glauben Sie wirklich? Wieso?«

»Das Schwingen mit diesem Schläger wird Ihre Golf-Muskulatur stärken. Wenn Ihre Muskeln kräftiger geworden sind und auch wissen, was sie tun sollen, dann werden Sie den Schläger automatisch auch kräftiger schwingen. Sie werden leichter schwingen und doch härter schlagen. Wenn Sie diese Übung Zeit Ihres Lebens fortsetzen und sich beim Training insbesondere auf Ihr kurzes Spiel konzentrieren, dann werden Sie Clubmeisterin werden. Und Sie werden in der Lage sein, jedermann zu schlagen.«

Sie machte einige Probeschwünge mit dem schwerer gemachten Schläger. Es schien ihr Sinn zu machen. Ich war mir sicher, daß sie die Disziplin aufbringen würde, die empfohlene Übung durchzuziehen und dadurch zu einer Longhitterin mit einem schönen Schwung zu werden.

»Ich geh' jetzt zurück in den Pro-Shop«, sagte ich.

»Ist das schon das Ende der Stunde?«

»Ich führe Sie beim Lernen«, entgegnete ich. »Sie werden Ihr eigener Trainer sein.«

»Und wann soll ich wiederkommen?«

»Sie können jederzeit wiederkommen. Aber ich bezweifle, daß es notwendig sein wird, mich jemals wiederzusehen«, sagte ich noch, bevor ich sie auf der Driving-Range alleine ließ und zurück zum Pro-Shop ging. Wohin ich gerade gerufen

wurde, um in einer Diskussion über die im Starterbuch eingetragene Abschlagszeiten zu schlichten.
Ich hörte sie noch hinter mir herrufen: »Hey, Harvey. Wenn Golf-Pros Ärzte wären, dann wären Sie ein Provinz-Veterinär.«

## Judys Griff

Golfer aus West-Texas sind seit jeher bekannt für ihre starken Griffe.
In West-Texas ist die Landschaft flach, es ist windig und die Spielbahnen sind hart, deshalb haben die meisten west-texanischen Spieler sich den starken Griff angewöhnt. Mit dem können sie den Ball sehr flach mit einem leichten Hook schlagen, bei dem es scheint, als ob der Ball überhaupt nicht mehr zu Laufen aufhören würde, wenn er auf dem Boden aufkommt.
Golfer aus West-Texas schlagen sehr weite Bälle.
Wobei man nicht vergessen darf, daß die Distanz auch in texanischen Yards gemessen wird.
Denn ein Abschlag, der in West-Texas 270 Meter weit geht, würde auf Plätzen wie Winged Foot oder Riviera kaum 180 Meter überwinden. Denn dort bleibt der Drive angesichts von sattem, üppigem Fairwaygras und hohem, dickem Rough fast genau dort liegen, wo er aufkommt.
Das erste, was ich bei nahezu allen west-texanischen Spielern machte, war, ihren Griff zu ändern.
Es gab da ein Mädchen aus dem Landesinneren, Judy Torluemke. Sie hatte das Golfspiel im Alter von sechs Jahren von ihrem Vater Paul gelernt. Mit 14 Jahren gewann sie das Trans-Miss-Turnier und beendete ein Jahr später die US Women's Open als beste Amateurin.
Meiner Meinung nach hatte Judy den stärksten Griff, den ich je bei einer guten Spielerin gesehen habe. Sie plazierte ihre linke Hand soweit oben auf dem Griff, daß es schon einer erstaunlich schnellen Hüftbewegung bedurfte, um die Schlagfläche noch square zum Ball zu bringen. Zudem verrenkte sie

im Finish ihre Wirbelsäule zu einem ausgeprägten, umgekehrten großen C.

Als sie die ersten Stunden bei mir bekam, sagte ihr Vater zu mir: »Harvey, bitte hilf' ihr, eine noch bessere Spielerin zu werden. Allerdings habe ich eine Bedingung. Du darfst ihren Griff nicht verändern. Sie hat den Griff der Zukunft.«

Dies hatte zum Ergebnis, daß Judy und ich geradewegs zum Putting-Grün gingen und uns während all ihrer Unterrichtsstunden auf ihr kurzes Spiel konzentrierten.

Judy machte sich auf der Tour einen Namen als Spielerin, die die meisten Spielbahnen traf und die meisten Grüns in der richtigen Schlagzahl erreichte. Außerdem war sie als gute Putterin bekannt. Ich wunderte mich schon, warum sie überhaupt zu mir gekommen war. Bis mir einer ihrer Freunde, der sehr oft mit mir spielte, erzählte, daß Judy das Problem hatte, auf fast jeder Runde einen 30-Zentimeter-Putt vorbeizuschieben. Allerdings nahm mir dieser Freund das Versprechen ab, sie auf keinen Fall wissen zu lassen, daß ich von diesem Problem wußte.

Es gab nichts, was ich an ihrem Schwung hätte anders machen können, ohne auch ihren Griff zu ändern. Das beschäftigte mich, denn es war abzusehen, daß ihr der starke Griff, die schnelle Hüftbewegung und die ausgeprägte Biegung des Rückgrates im Durchschwung über kurz oder lang Rückenprobleme bereiten würden. Zunächst jedoch traf Judy dank ihrer jugendlichen Geschmeidigkeit den Ball optimal.

Wobei ihre Schläge nicht in texanischen Yards gemessen werden mußten.

Erst unter ihrem Mädchen-, später unter ihrem Ehenamen Judy Rankin gewann sie neben 26 LPGA-Tour-Turnieren auch dreimal die Vare Trophy – und führte mindestens einmal am Ende der Saison die Geldrangliste an.

Doch sie hatte auch gegen Rückenschmerzen zu kämpfen und mußte sich später gar operieren lassen. Wobei wir niemals erfahren werden, ob ihr Griff oder »nur« körperliche Schwäche der Auslöser hierfür war.

Auch dieser Tage sehe ich Judy sehr oft – am Fernseher. Denn sie wurde eine der amerikanischen Golf-Hauptkommentatoren.
Judys außergewöhnliche Golf-Karriere ist ein Beweis dessen, daß ein Griff nicht für jedermann der richtige sein muß.
Ein Spitzenspieler, der Judys Griff übernahm, ist Paul Azinger. Er war übrigens Judys Caddie, als sie eine 63er-Runde spielte. Was Paul sicherlich sehr beeinflußt hat.
Ich weiß nicht, ob ich Judy geholfen habe, ihre Angst vor den 30-Zentimeter-Putts zu überwinden. Dies war das einzige Mal in meinem Lehrer-Leben, daß ich mit der Herausforderung von 30-Zentimeter-Putts konfrontiert wurde.

## Eine Übungsmethode

Fast täglich sehe ich Golfer, wie sie Eimer um Eimer Bälle die Driving-Range hinabschlagen. Und die mit einem erstaunten »Nach was sieht es denn aus, was ich hier mache? Harvey, ich übe!« auf die Frage antworten, was sie da eigentlich tun.
All diese Spieler bewegen sich an der frischen Luft. Was nicht schlecht ist. Aber wirklich Üben tun nur die Wenigsten.
Wenn man da draußen lange genug konzeptionslos Bälle schlägt, dann mag man irgendwann vielleicht sogar richtig schwingen und möglicherweise auch dahinter kommen, was man falsch macht.
Lassen Sie mich Ihnen aber dennoch eine Übungsmethode empfehlen, die bestimmt zu einem Ergebnis führt.
Nach einigen Stretchingübungen, für die Sie sich immer die Zeit nehmen sollten, schlagen Sie fünf volle Schläge mit der Wedge. Dann stecken Sie die Wedge wieder weg.
Danach schlagen Sie fünf volle Schläge mit dem Eisen 7. Unabhängig davon, wie gut die Schläge waren, widerstehen Sie der Versuchung, mehr Bälle zu schlagen, um eine höhere Trefferquote zu erzielen. Die Wahrscheinlichkeit, daß Sie diesen Kampf gewinnen, ist relativ gering.

Legen Sie nun Ihr Eisen 7 beiseite und greifen Sie zum Holz 3. Auch damit machen Sie fünf Schläge, wobei Sie sich jedesmal auf ein bestimmtes Ziel ausrichten. Nach den fünf Schlägen stecken Sie auch das Holz 3 wieder weg.
Jetzt ist wieder das Eisen 7 an der Reihe, mit dem Sie weitere fünf Schläge machen.
Wenn Ihnen danach ist, dann können Sie nun drei oder vier Schläge mit dem Driver machen. Versuchen Sie dabei Ihr Bestes, den Ball gut zu treffen. Ganz so, als ob Sie auf dem ersten Abschlag stehen würden. Allerdings – sollten Sie den Driver nicht gut treffen, dann machen Sie sich darüber keine Gedanken. Stecken Sie ihn einfach wieder in Ihren Bag.
Womit Sie kaum mehr als 20 Bälle geschlagen haben.
Das ist genug der vollen Schläge. Und es war eine ebenso erfolgversprechende wie sinnvolle Übungseinheit.
Die verbleibende Zeit können Sie nun nützen, um mit dem Putter, der Wedge und ein paar Chip-Schlägern an Ihrem kurzen Spiel zu arbeiten. Die Weichen für zukünftig niedrigere Scores werden nämlich auf dem Putting- und Pitching-Grün gestellt.

## Drei Disziplinen in einem Spiel

Während eines Fortbildungsseminars sagte Louise Suggs, daß Golf ein Spiel sei, das drei Disziplinen in sich vereinigen würde.
Zunächst wäre da das Kraftspiel, das »Wie weit kann ich den Ball schlagen?« In dieser Disziplin, die Louise den »rohen Teil des Spiels« nannte, haben die Männer Vorteile.
Dann wäre da das kurze Spiel, in dem Damen keine Nachteile befürchten müssen. Ich pflichte Louise sogar bei, daß Frauen generell einen Vorteil im kurzen Spiel haben. Vielleicht, weil Damen gefühlvollere Finger haben? Den konkreten Grund weiß ich selber nicht. Ich kenne aber Amateurinnen, die genausogut chippen und putten, wie die Tour-Professionals dies können.

Es scheint mir so, als ob Damen, so sie sich einmal die Grundkenntnisse des Spiels angeeignet haben, ganz natürlich ein besonderes Feingefühl für das kurze Spiel entwickeln.
Percy Boomer und andere gute Lehrer erklärten Anfängerinnen den Schwung, indem sie die Bein- und Körperbewegungen mit Tanzschritten verglichen. Denn Frauen entwickeln ein viel besseres Tanzgefühl als Männer.
Die Spitzenspielerin Beverly Hanson, Gewinnerin sowohl der amerikanischen Damen-Meisterschaft als auch der US Women's Open, meinte in diesem Zusammenhang: »Wenn Du einer Frau zum erstenmal einen Hula-Hoop-Reifen umlegst, wird sie in wenigen Minuten die entsprechende Bewegung dazu verstanden haben. Du kannst es Dir aber sparen, einem Mann einen Hula-Hoop-Reifen zu schenken.«
Neben dem Kraftspiel und dem kurzen Spiel gibt es gemäß Louise noch eine dritte Disziplin, die sich eigentlich wiederum in 18 Unterdisziplinen aufteilt. Louise titulierte diese dritte Disziplin mit »Spiel des Geistes«.
Hat doch eine jede der 18 Spielbahnen ihren eigenen Charakter, womit der Spieler mit 18 verschiedenen Herausforderungen konfrontiert wird. Um es mit Louises Worten zu sagen: »Jede Bahn ist eine Welt für sich.« Wobei sie darauf hinwies, daß es Golferinnen leichter falle, sich jeweils nur auf eine Sache voll zu konzentrieren.
Nach Louises Theorie haben Damen in zwei der drei Disziplinen, die das Golfspiel darstellt, einen Vorteil gegenüber den Männern.
Dem stimme ich zu. Allerdings unter der Voraussetzung, daß Damen genug Zeit zum Üben haben.
Aufgrund ihres Körperbaus werden Männer im Kraftspiel immer Vorteile haben. Wenngleich die Damen auch hier mit großen Schritten Terrain gut machen, denn junge Proetten schlagen ihre Abschläge heute durchaus schon 250 Meter weit. Was bereits zu Problemen führt, denn die meisten Meisterschaftsplätze können nicht mehr länger gesteckt werden. Laura Davies kann den Ball vom Tee sogar 280 Meter

weit schlagen – weitaus länger also als viele Männer. Und Babe Didrickson meinte, daß ihre durchschnittlichen Drives 250 Meter weit flögen.
Denken Sie daran, wenn Sie mit Ihrem schweren Schläger Ihre täglichen 25 Schwünge machen!

## Unter dem Couchtischchen durch

Normalerweise nehme ich für nachfolgende Übung eine Bank. Aber ein Couchtischchen erfüllt seinen Zweck ebensogut.
Als Übungshilfe beim Chippen müssen Sie sich vorstellen, daß etwa eineinhalb bis zwei Meter vor Ihnen dieses etwa 60 Zentimeter hohe Couchtischchen steht.
Besser ist es freilich, wenn sie auch wirklich mit dem Couchtischchen oder einer Bank üben können.
Chippen Sie nun so, daß der Ball unter der Bank beziehungsweise dem Tisch hindurch geht. Sinn der Übung ist es, den Ball schnell wieder aufkommen und dann lange ausrollen zu lassen.

## Das Couchtischchen – drunter durch und drüber weg

Das Couchtischchen kann man auch benutzen, um den Pitch-Schlag zu üben.
Der Unterschied zwischen Pitch und Chip besteht nur darin, daß Sie jetzt einen Schläger mit einem größeren Loft benützen. Es geht beim Pitch darum, den Ball hoch zu spielen, damit er sanft landet. Stellen Sie sich also vor, das Couchtischchen stünde etwa eineinhalb Meter vor dem Schwungende Ihres Sandwedge-Schlages. Stellen Sie sich weiterhin vor, den Ball mit diesem Sandwedge unter dem Couchtischchen hindurch zu schlagen.
Was wird passieren? Der Ball wird im hohen Bogen über den Tisch fliegen und sanft landen. Warum? Weil Sie im Bestreben, den Ball unter dem Couchtischchen hindurch zu bringen,

auf den Ball heruntergeschlagen haben. Wobei der Loft Ihres Sandwedges bewirkte, daß der Ball hoch anstieg.
Wenn ein Haus vor Ihnen stehen würde, dann würde dies bedeuten, daß Sie über das Haus hinweg spielen müssen. Hierfür nehmen Sie ein Wedge – oder einen Schläger mit einem ähnlich starken Loft. Sie müssen sich dann noch vorstellen, den Ball durch ein Parterre-Fenster hindurch zu schlagen. Wenn Sie nämlich auf den Ball herunterschlagen, während Sie auf das Fenster zielen, wird der Ball dank des Schlägerlofts über das Haus hinweg gehen.
Das Schlimmste, was Sie tun könnten: Versuchen, den Ball nach oben zu schlagen, damit er über das Couchtischchen oder das Haus hinweg fliegt. Deshalb rate ich dazu, sich einen flachen Schlag vorzunehmen, während man den Wedge in der Hand hält. Der Schlägerloft bringt den Ball zum Steigen – nicht der Schwung.
Verwirrte Schüler haben schriftlich bei mir angefragt, ob das Couchtischchen oder die Bank denn nun zum Üben des Pitch- oder des Chip-Schlags geeignet sind.
Meine Antwort darauf: Für beide Schläge!
Was Sie ändern, ist der Loft des Schlägers – je nachdem, welche Absicht Sie mit dem Schlag verfolgen.

## Etwas Grundsätzliches

Ihre Hände führen den Schlägerkopf zum Ballkontakt – bei jedem Schlag vom Putter bis zum Driver.
Bei Putts und Chips müssen die Hände vor oder zumindest auf gleicher Höhe mit dem Schlägerkopf bleiben, bis der Schwung beendet ist.
Es gibt soviele Schwungvariationen, wie es verschiedene Arten des Gehens gibt. Aber eines haben alle guten Schwünge gemeinsam: Die Hände bleiben im Abschwung vor dem Schlägerkopf.
Es gab einen Mann in River Oaks bei Houston, der ein Buch über seine Theorie veröffentlichte, daß nur die Hände den

Schlägerkopf führen. Und daß außerdem noch die Handgelenke niemals bewußt abgewinkelt werden dürfen.
Keine Woche, nachdem Jackson Bradley seine Stelle als Head-Pro in River Oaks angetreten hatte, nahm ihn dieser Mann auch schon zur Seite und meinte: »Damit wir uns von Anfang an richtig verstehen. Ich habe mehr Ahnung über den Golfschwung, als Sie jemals haben werden.«
Jackson ist ein guter Trainer, der mich sicherlich nicht benötigt, um gegen irgendjemand verteidigt zu werden.
Aber wir müssen wohl eingestehen, daß dieser Mann aus River Oaks einen sehr wichtigen Grundsatz des Golfschwungs entdeckt hatte, der von keinem Lehrer oder guten Spieler bestritten wird:
Ihre Hände müssen bei jedem Schlag den Schlägerkopf zum Ballkontakt führen.
Bei Putts und Chips müssen die Hände vor oder zumindest auf gleicher Höhe mit dem Schlägerkopf bleiben. Ein wichtiger Grundsatz, an den wir uns stets erinnern sollten.

## Putter-Entscheidungen

Der Putter ist der wichtigste Schläger im Bag.
Wenn Sie sich Ihren ersten Putter kaufen, dann probieren Sie alle vorhandenen Putter-Modelle aus. Prüfen Sie jeden Einzelnen, den Sie in den Pro-Shop-Regalen nur finden können. Und nehmen Sie schließlich den Putter mit nach Hause, der sich für Sie am besten anfühlt.
Man wird Ihnen zu einem schweren Putter raten, wenn Sie auf einen Platz mit harten Grüns spielen. Wobei ein schwerer Putter auf schnellen, glatten Grüns wie denen von Oakmont wirklich helfen kann.
Aber Putten ist insbesondere eine mentale Angelegenheit. Hauptsache, Sie können die Angst vor einem mißlungenen Putt aus Ihren Gedanken verdrängen. Den Rest übernehmen dann Ihre Finger.

Es ist dabei ein wohltuendes Gefühl, wenn ein Putter in Ihren Händen liegt, der Ihnen schon durch seine Optik ein gutes Gefühl vermittelt.
Widerstehen Sie der Versuchung, Ihren Putter herzugeben, wenn der Ihnen mal eine Weile nicht viel Glück bringt. Ihr Putter funktioniert immer noch! Nur Ihre Einstellung ihm gegenüber hat sich aus irgendwelchen Gründen verändert. Der Putter kann nichts dafür. Oder, wie ich immer wieder zu sagen pflege: »Es liegt nicht an der Geige, es liegt am Geiger.«
Ich kenne Spieler, die ihre guten Putter kurzerhand weggegeben haben und das später tief bereut haben. Bestrafen Sie Ihren Putter, indem Sie ihn in den Schrank stellen. Aber behalten Sie ihn. Es wird die Zeit kommen, in der Sie ihn wieder hervorholen werden, und er Ihnen wieder gute Dienste erweisen wird.

## Ein nächtlicher Anruf

Es war in einer heißen Sommernacht, als unser Telefon klingelte. Wir wohnten unweit des Austin Country Clubs, der damals noch am Riverside Drive lag und von Perry Maxwell entworfen worden war. Es war der Platz, auf dem Betsy Rawls, Betty Jameson, Kathy Whitworth, Betty Hicks, Mary Lena Faulk, Mickey Wright, Babe Didrickson, Betty Dood, Sandra Palmer, Judy Kimball, Judy Rankin, Betsy Cullen, Judy Bell sowie viele andere ebenso wie Tommy Kite und Ben Crenshaw das Golfspiel erlernt bzw. verbessert hatten.
Ich ging ans Telefon und hörte eine liebliche Stimme »Harvey, Liebling, ich brauche Deine Hilfe« sagen.
Ich erkannte die Stimme sofort. Es war eine Spielerin mit hoher Vorgabe aus unserem Club. Eine Spielerin, die das Golfspiel liebte und die ihren Mangel an natürlichem Talent durch Freude und Lust am Spiel wettmachte.
»Wo liegt das Problem?«, fragte ich.
»Es gibt hier so schrecklich viele Bunker.« Sie bestritt gerade ein Turnier in Temple, Texas, etwa hundert Meilen nördlich

von Austin. »Harvey, die haben diesen Platz wirklich mit Sandhindernissen zugepflastert, und ich komme mit meinem Wedge immer zu tief in den Sand. Und das ist bei diesen Bunkern hier das Schlimmste, was man nur machen kann.«
»Nimm' Deinen Sandwedge kürzer«, riet ich ihr. »Greife ihn am Ende des Handgriffes. Dadurch kommst Du weniger tief in den Sand. Halte den Schläger mit dem kleinen Finger und dem Ringfinger der linken Hand fest, so daß sich die Schlagfläche nicht verdrehen kann, wenn Du in den Sand kommst. Das wird Dir helfen, gute Bunkerschläge zu machen, anstatt den Ball fett zu treffen.«
»Danke, Liebling« flüsterte sie.
»Unter welchem Namen bist Du denn diese Woche am Start?« wollte ich noch von ihr wissen.
»Hier bin ich Helen Holmes«, sagte sie. »Und morgen abend werde ich wieder zuhause sein. Seid bis dahin brav, Du und die Kinder, hörst Du!«
»Spiel' gut«, meinte ich daraufhin noch.
Helen Holmes war das Mädchen aus Whitesboro, die 1929 Misses Harvey Penick wurde.
Meine Frau – eine Golferin!

## Helens Geschichte

Es wurde immer wieder erzählt, ich wäre unter meinem Mädchennamen an Turnierstarts gegangen, um Harveys Ruf als Lehrer zu schützen.
Das war aber nicht der Grund. Ich trat unter meinem Mädchennamen an, um mich am Golfspiel erfreuen zu können, ohne stets im Blickpunkt der allgemeinen Aufmerksamkeit zu stehen.
Schon, als wir noch jung verheiratet waren, eilte Harvey bereits überall in Texas der Ruf eines herausragenden Lehrers voraus.
Dennoch spielte ich anfangs die Turniere noch unter dem Namen Helen Penick.

Ich spielte Golf, weil ich das Spiel an sich und die damit verbundene gesellschaftliche Abwechslung liebte. Weil ich es genoß, im Freien in dieser wunderschönen Umgebung zu sein. Mir machte das Spiel im dritten oder vierten Flight ebenso viel Freude, wie jenen Damen, die im Leaderflight um den Sieg kämpften. Dabei war mir durchaus so mancher Erfolg beschieden, denn auch ich brachte tolle Trophäen mit nach Hause, wie beispielsweise die Porzellan-Figur, die jetzt auf unserem Frühstückstisch steht.

Aber der Name »Penick« zog die Aufmerksamkeit auf sich, die ich nicht wollte. Viele Frauen, so merkte ich, versuchten über mich an Harvey heranzukommen. Ich aber wollte einfach nur Golfspielen und mir mit meinen Freunden schöne Stunden auf dem Golfplatz machen. Auf jeden Fall wollte ich nicht bei jedem Turnier über Harvey sprechen.

Es ging mir weder um seine Reputation oder sein Ansehen als Lehrer. Es ging mir vielmehr um meinen Frieden!

Es gibt kein anderes Spiel, das sich so wohltuend auf Geist und Seele auswirkt wie Golf. Nicht umsonst schickten Ärzte ihre depressiven Patienten jahrelang zu Harvey. Der sportliche Wettkampf an der frischen Luft läßt jeden Menschen seine Probleme rasch vergessen.

Nur, wenn Fremde meinen Namen »Penick« mitbekamen, überschütteten sie mich mit Geschichten von und über Harvey. Was mir relativ bald auf die Nerven ging.

Wenn man ein wirklich guter Golfer werden möchte, so nimmt dies sehr viel Zeit in Anspruch. Was die Menschen nicht stört, die genügend Zeit haben, um täglich spielen beziehungsweise üben zu können. Ich aber hatte andere Dinge zu tun. Unsere beiden Kinder wollten großgezogen sein. Dann gab es meine 28jährige, ehrenamtliche Arbeit für das St. David's Krankenhaus. Und außerdem war ich von jeher eine begeisterte Bridge-Spielerin. Überhaupt ist Bridge mein Lieblingsspiel.

An dem Tag, an dem ich beschloß, für den Rest meines Lebens nur noch unter dem Namen »Helen Holmes« bei Turnieren

anzutreten, spielte ich im San Antonio Country Club im dritten Flight.
Ich unterhielt mich fröhlich mit meiner guten Freundin Quo Vadis Burke, der Frau des bekannten Lehrers Jack Burke sen., als ich während der ersten Runde vom neunten Grün kam. Quo Vadis und ich fuhren stets gemeinsam zu Turnieren – und hatten soviel Spaß zusammen, wie man nur haben kann. Und so ließen wir auch diesmal auf dem Weg zum zehnten Abschlag gutgelaunt die ersten neun Bahnen noch einmal Revue passieren.
Eine Dame, die uns dabei zuhörte, kam zu uns und fragte: »Ist Ihr Mann Harvey Penick, der Lehrer?«
»Ja«, erwiderte ich.
»Was haben Sie auf den ersten neun Bahnen gespielt?«, wollte sie daraufhin von mir wissen.
»Eine 48«, verkündete ich stolz.
Schließlich ist es für mich eine gute Leistung, auf einem Platz wie dem San Antonio Country Club die 50 gebrochen zu haben.
»Was? Eine 48«, sagte die Dame irritiert. »Wieso denn das? Wenn ich Harvey Penick zum Mann hätte, wäre ich Clubmeisterin.«
Womit sie bewies, daß sie von der Sache keine Ahnung hatte. Denn Harvey war stets der Meinung gewesen, daß Ehepartner ihre Frauen nicht unterrichten sollten, weil dies die Ehe belasten könnte. In all meinen Golf-Jahren hat mir Harvey nie länger als zehn Minuten beim Bälleschlagen zugesehen, ehe er sich stets unter irgendeinem Vorwand davonmachte.
»Was macht Ihr Mann denn?«, fragte ich die Dame.
»Mein Mann ist Rechtsanwalt.«
Worauf ich sagte: »Ich vermute, daß er Ihnen erklärt, wie er all seine Fälle regelt. Sie müssen inzwischen juristisch sehr bewandert sein.«
Quo Vadis lachte. Und wir ließen die Dame stehen.
Von diesem Tag an hieß ich bei allen Turnieren Helen Holmes.

## Bildliche Gedanken

Wenn Sie Ihren Schlag vor Ihrem geistigen Auge ablaufen lassen, werden Ihre Muskeln alles versuchen, um ihn entsprechend auszuführen.
Einer der größten Unterschiede zwischen dem Spiel eines Golfers mit hohem Handicap und dem mit einer niedrigen Vorgabe ist die bildliche Vorstellungskraft. Ein guter Spieler sieht jeden Schlag im voraus. Er sieht im Geiste, wohin der Ball fliegen und wie er landen soll. Dieses Vorstellungsvermögen bewirkt, daß die Muskeln, vom Unterbewußtsein geleitet, intuitiv den Schlag wunschgemäß ausführen.
Ein Spieler mit einer hohen Vorgabe macht sich keine Vorstellung von seinem Schlag. Er setzt sich ein vages Ziel und schlägt dann auf den Ball.
Dabei ist Ihr Vorstellungsvermögen ein wichtiger Bestandteil des Spiels. Nützen Sie es!

## Schwunggedanken

Als ich eines Tages als Starter fungierte, beobachtete ich eine Schülerin, wie sie ihren Stand einnahm. Sie wackelte einige Male mit ihrem Driver, stand dann wie gebannt über ihrem Ball, wackelte erneut – und trat schließlich mit einem jammervollen Gesichtsausdruck von ihrem Ball zurück.
»Es ist entsetzlich«, sagte sie. »Ich kann mich nicht erinnern, woran ich jetzt denken soll.«
Sie hatte ihren Schwunggedanken vergessen. Womit ich den Auslöser meine, mit dem sie ihren Schwung in Bewegung setzt.
Höchstwahrscheinlich aber hatte sie ihn gar nicht vergessen. Sondern einfach so viele Schwunggedanken im Kopf, daß sie sich nun nicht mehr auf den Entscheidenden konzentrieren konnte.
Viele Spieler benützen eine kleine Bewegung als Schwungauslöser.

Eine leichte Zuckung im rechten Knie ist beispielsweise der Schwungauslöser, der vielen Golfern hilft. Es handelt sich dabei aber meistens um eine Art Forward Press, also einer Bewegung der Hände in Richtung Ziel, der den Spieler auch daran erinnert, das rechte Knie fest angewinkelt zu halten, um im Schwung den Körper um das rechte Knie drehen zu können.
Einer der einfachsten Schwunggedanken ist wohl »Drehen und Drehen«.
Mit anderen Worten ... Machen Sie Ihren Rückschwung und drehen Sie sich dann vollständig in Zielrichtung. Ihr Schwung wird zwangsläufig zwischen dem Rückschwung und dem Ende des Durchschwungs ablaufen.
Wie alle meine Schüler wissen, bevorzuge ich als Schwunggedanken die Vorstellung des Schwungs mit dem Wassereimer. Diese Vorstellung führt zu einem natürlichen Forward Press, der einen rhythmischen, vollen Schwung zur Folge hat.
Allerdings verstehen manche Schüler meine Wassereimertheorie nicht.
Wie jede körperliche Bewegung ist das Gefühl beim Schwingen eines Wassereimers schwer in Worte zu fassen. Der beste Weg, dieses Gefühl zu erlernen, ist, sich einen Wassereimer zu greifen und ihn mit etwas Wasser zu füllen. (Wobei einige Zentimeter genügen, weil der Eimer sonst zu schwer wird!) Greifen Sie den Eimer dann an seinem Bügel und schwingen Sie ihn.
Es gibt Dutzende von möglichen Gedanken, die sich als Schwungauslöser eignen. Von vielen werden Sie im Laufe Ihres Golferlebens schon gehört haben.
Daher meine Warnung: Konzentrieren Sie sich stets nur auf einen einzigen Gedanken.
Wenn Sie zur gleichen Zeit verschiedene Schwungvorstellungen im Kopf haben und Sie dann auch noch versuchen, diese in eine Reihe zu bringen, dann wird es Ihnen ergehen wie der Schülerin zu Beginn dieses Kapitels. Die nicht mehr in der Lage war, sich zu erinnern, an was sie nun eigentlich denken sollte.

Mir haben Spieler erzählt, daß sie sich erst auf einen Rückschwung-, dann auf einen Abschwung- und zuletzt auf einen Durchschwunggedanken konzentrieren. Dies erscheint mir eine schwere mentale Hürde zu sein. Denn wie kann man während eines Golfschwungs, der weniger als zwei Sekunden dauert, all das verarbeiten?
Don Massengale hat mir erzählt, daß er die Canadian Open mit einem einzigen Schwunggedanken gewonnen hat. Der da war: »Halte Deine Ellbogen gegen Ende des Durchschwungs eng beisammen.«
Wenden Sie nur einen Gedanken an, um Ihren Schwung auszulösen.
Und denken Sie nur an den nächsten Schlag und an dessen Ziel. Wenn Sie gut spielen, brauchen Sie nichts anderes.

## Golf und Ehe

Erinnern Sie sich daran: Zuviel von irgendetwas verursacht üblicherweise Probleme.

## Warum so eilig?

Es mag sein, daß es irgendwo auf dieser Welt einen guten Golfer gibt, dessen Rückschwung zu langsam ist. Aber diesen Golfer habe ich in den zurückliegenden 90 Jahren nicht zu Gesicht bekommen!
Nicht umsonst gibt es das alte Sprichwort, daß Zocker immer auf der Suche nach Spielern mit dicken Brieftaschen und schnellen Rückschwüngen sind.
Bobby Jones sagte, die zwei besten Ratschläge, die er je von seinem Trainer Stewart Maiden erhalten habe, seien: »Du schlägst den Ball nicht mit Deinem Rückschwung« und »Wenn Du den Ball hart schlägst, wird er schon irgendwo wieder runterkommen«.
Ich mag langsame, sanfte, gleichmäßige Takeaways und Rückschwünge.

Ein langsamer Rückschwung gibt Ihnen Zeit für eine gute Drehung und eine gute Gewichtsverlagerung, ehe Sie den Abschwung einleiten.
Ich halte hingegen nichts von einer Pause auf dem höchsten Punkt des Rückschwungs. Wobei dies der einzige Punkt ist, in dem ich nicht mit Tommy Armour übereinstimme. In meinen Augen muß ein Schwung ein Schwung sein. Und wenn er an irgendeiner Stelle zum Stillstand kommt, dann ist es eben kein Schwung mehr.
Natürlich gibt es einen Moment der Übergangsphase zwischen dem Rück- und dem Abschwung. Der sich von alleine ergibt, wenn Sie darauf achten, daß Ihre linke Ferse am Boden bleibt und das Gewicht nach links verlagert wird.
Die Übergangsphase läuft ab, ohne daß Sie auch nur daran denken müssen, wenn Sie Ihre linke Ferse fest am Boden halten und gleichzeitig Ihren rechten Ellbogen wieder an den Körper bringen. Es handelt sich hierbei um das, was ich »magische Bewegung« nenne.
Beim Rückschwung laden Sie Energie auf, die Sie im Abschwung freisetzen. Ganz so, als ob Sie einen Ball werfen oder beim Tennis aufschlagen würden.
Einige der Spitzenspieler schwingen sehr schnell. Bei ihnen ist Rück- und Abschwung ein einziges Huschen. Für diese Spieler ist das normal. Würde ich versuchen, einen Ben Hogan, Tom Watson oder Lanny Wadkins den Schläger langsamer zurücknehmen zu lassen, dann wäre ich wohl verrückt.
Aber bei fast jeder Stunde, die ich Tom Kite und Sandra Palmer gab (um hier nur zwei gute Spieler zu nennen, die zu einem etwas zu schnellen Rückschwung neigen), habe ich darauf gedrängt, ihre Rückschwünge etwas zu verlangsamen.
Beide, Sandra und Tom, haben mich immer erstaunt angesehen, wenn ich ihnen mal wieder sagte, daß ihr Schwung schnell geworden sei. Aber nachdem sie über meine Worte nachgedacht hatten, kamen wir einige Schwünge später stets zum erwünschten Ergebnis.

## Breaks lesen

Selbst bei guten Spielern ist es ein weit verbreiteter Fehler, sich die Grüns zu genau anzusehen.
Ich erhielt einen Brief von einer Dame aus Vermont, die selbst kurze Putts am Loch vorbeischob.
»Bei jeder Runde habe ich mindestens ein halbes Dutzend kurzer Putts, die das Loch nicht mal berühren« schrieb sie mir.
»Dabei bereite ich jeden Putt sehr sorgsam vor. Wie Sie es empfehlen, betrachte ich den Putt in der Verlängerung der Puttlinie. Dann mache ich zwei Probeschwünge, ehe ich den Ball schlage. Ich konzentriere mich auf die Distanz und versuche, den Ball um das Loch herum zur Ruhe zu bringen. So daß er eine Chance hat, hineinzufallen. Und was passiert? Die Bälle bleiben kurz neben dem Loch liegen – aber sie fallen nicht hinein.«
»Ich schaue mir bei kurzen Putts den Break meiner Puttlinien sehr genau an. Ich denke daran, das Schlägerblatt im rechten Winkel zur Ziellinie auszurichten. Warum also gehen meine Putts nicht ins Loch?«
Ohne ihr je beim Putten zugesehen zu haben, nehme ich an, daß ihre Putts nicht fallen, weil sie schlecht zielt.
Sie sieht wahrscheinlich zu viel, wenn sie den Break liest.
Natürlich gilt es, vor dem Putt dessen Break zu bestimmen. Aber es verlangt nach sehr viel Erfahrung, einen Break richtig zu lesen und das Gras richtig zu beurteilen.
Ich habe viele Schüler, die den Break eines eineinhalb-Meter-Putts sehr gewissenhaft lesen. Die den Schlag dann auch gut ausführen. Das Loch aber doch verfehlen, weil sie sich zuvor verlesen haben.
Manchmal trösten sich diese Schüler dann damit, den Putt »wenigstens auf der Profi-Seite vorbeigeschoben« zu haben. Wohinter sich verbirgt, daß der Putt an der hohen Lochseite vorbeilief – im Gegensatz zur unteren Lochseite, zu der man »Amateur-Seite« sagt.

Es mag dem Spieler ein besseres Gefühl geben, den Ball auf der Pro-Seite am Loch vorbeigeschoben zu haben. Jeder vergebene Putt kostet aber einen Schlag – ganz gleich, auf welcher Seite er am Loch vorbeilief.

Das regelmäßige Verfehlen kurzer Putts ist das Ergebnis des Versuches, die Linie zu genau zu berechnen.

Ich glaube daher, daß – sofern Sie nicht ein wahrer Experte im Lesen von Grüns sind – es besser ist, bei kurzen Putts auf das Loch zu putten, statt sich Gedanken über den Break zu machen.

Anstatt den Ball von der Seite ins Loch laufen lassen zu wollen, zielen Sie besser auf die vordere Seite des Loches. Während der Schwungbewegung gilt es dann darauf zu achten, das Schlägerblatt mit seinem Sweetspot an den Ball zu bringen. Dann wird es mit dem Putt schon klappen.

Ausschlaggebend ist Ihre Kopfhaltung. Eine Möglichkeit, sicherzustellen, daß der Kopf auch wirklich still steht, ist, sich darauf zu konzentrieren, das Gras unter dem Ball zu sehen, wenn der schon in Richtung Loch rollt.

Die Dame aus Vermont macht wohl alles so, wie ich mir das vorstelle. Sie schaut sich die Linie gut an, kommt mit dem Putter von hinten an den Ball, macht zwei Probeschwünge und denkt daran, den Ball auf der Höhe des Loches zur Ruhe kommen zu lassen. Soweit so gut.

Ich glaube aber, daß sie noch etwas beachten müßte. Nämlich, nicht zuviel zu denken. Sie müßte versuchen, einfach auf den Ball zu schlagen und ihm dabei die Chance geben, ins Loch zu fallen.

Jeder Golfer weiß, daß er selten einen Ein-Meter-Putt vorbei schiebt, solange er ihn nur furchtlos mit einer Hand ausführt. Weil er sich dabei keine Gedanken über das Ergebnis des Schlages macht. Dadurch übernimmt das Unterbewußtsein die Führung und läßt den Ball ins Loch rollen, ohne Berücksichtigung Ihrer negativen Gedanken.

Wie sagt Ken Venturi immer im Fernsehen: »Verschenk' das Loch nicht.«

## Die Beste

Bei der Beurteilung, wer global all seine Golfschläger am besten trifft, ist Mickey Wright die beste Spielerin, die ich kenne. Bei den Herren würde ich hierbei Jack Nicklaus nennen. Und wenn ich mich zwischen den beiden entscheiden müßte, fiele meine Wahl auf Mickey. Weil sie den besseren Schwung hat.

## Eine Meisterin und ihre Kinder

Manchmal, wenn eine Schülerin mir erzählt, daß sie gerne eine gute Golferin würde, ihr hierfür aber als Mutter die Zeit fehle, dann erzähle ich von Mary Ann Morrison.
Mary Ann zog vier Kinder groß, während sie 17 Staatsmeisterschaften gewann. So war sie neunmal bei den texanischen Damen-Meisterschaften erfolgreich, gewann viermal die Damen-Meisterschaft von Louisiana und ebenso oft die von Wyoming. Außerdem war sie 22 Male Houstoner Stadtmeisterin.
Ich fragte sie, wie sie es zu dieser bemerkenswerten Erfolgsbilanz geschafft hätte.
»Nun, immer wenn ich die Kinder morgens in die Schule fuhr, habe ich meine Schläger mitgenommen« erzählte sie. »Während sie im Unterricht waren, habe ich auf der nächstgelegenen Driving-Range Bälle geschlagen, bis es Zeit war, sie wieder abzuholen.«
Ich fragte sie auch, ob sie ihre Kinder jemals mit auf den Golfplatz genommen hätte.
»So gut wie nie« war die Antwort. »Davon hat die Mutter nichts, und die Kinder auch nicht.«
Freilich hatte Mary einen großen Vorteil gegenüber Frauen, die mit dem Spiel erst begannen, nachdem sie eine Familie gegründet hatten. Denn Mary Ann war bereits eine Spitzenspielerin, als sie heiratete.

Sie wurde als Mary Ann Villegas in New Orleans geboren und begann mit 12 Jahren, bei Fred Haas sen. Golfstunden zu nehmen. Mit 16 Jahren nahm Mary Ann an der New Orleans Open teil, bei der sie am ersten Tag mit Babe Didrickson, Louise Suggs und Patty Berg auf die Runde ging. Mary Ann erzählte mir später, daß sie auf den ersten Bahnen sehr nervös gewesen sei, sich die Nervosität aber legte, nachdem Babe ihr gesagt hatte, »es nicht zu ernst zu nehmen und den Ball nun fliegen zu lassen«.

Zu Beginn ihres Golferlebens tat Mary Ann etwas, was ich jeder Dame raten würde, die die Gelegenheit dazu hat: Sie nahm sechs Monate lang Stunden, ehe sie erstmals zum Spielen auf einen Golfplatz ging.

Auf diese Weise hatte sie nie gegen die Schwungfehler zu kämpfen, die alle Golf-Anfänger befallen, wenn sie versuchen, Schwünge zu kopieren, die sie bei Golf-Übertragungen gesehen haben. Und sie mußte auch nie gegen die negativen Auswirkungen von gutgemeinten Ratschlägen ankämpfen, die Freunde und Ehepartner den Anfängern zumeist mit auf die Runde geben.

1953 zog Mary Ann nach Houston und nahm fortan Stunden bei Jackson Bradley in River Oaks. Sie wurde dort Mrs. Mary Ann Rathmell und gründete eine Familie, während sie parallel dazu die texanische Damen-Meisterschaft gewann.

»All das verlangte nach Disziplin« bekannte sie. »Ich hatte genau festgelegt, an welchen Tagen ich Golf spielen wollte. Und daran konnte mich so gut wie nichts hindern. Wenn ich es mal nicht bis zu einem Golfplatz oder einer Driving-Range schaffte, dann übte ich mindestens 30 Minuten lang zuhause auf dem Teppich Putten. Auch heute noch putte ich ausnahmslos täglich mindestens 30 Minuten lang. Ich glaube, dies hat mir mehr gebracht als irgendetwas anderes, was einem guten Spieler helfen kann, sich über Jahre hinweg zu behaupten.«

Vor etwa 30 Jahren begann Mary Ann dann bei mir Stunden zu nehmen. Noch vergangenes Jahr gab ich ihr einmal wöchentlich Unterricht, wann immer sie in Austin war. Sie war mittlerweile 18 Jahre lang mit Butch Morrison verheiratet, einem Vorgabe-5-Spieler, der mit meinem Sohn Tinsley eng befreundet ist. Butch und Mary Ann verbringen fünf Monate im Jahr in ihrem Haus in Jackson Hole, Wyoming. Die restliche Zeit verbringen sie auf Reisen oder in ihrem Haus am Barton Creek Lakeside, einem wunderbaren Platz am Travis-See, einige Meilen außerhalb der Stadt.

Mary Ann sagte mir, daß ihr mein Unterricht in zwei Punkten entscheidend geholfen hätte. Sie sprach dabei von »Denke bei jedem Schlag nur an das Ziel dieses einen Schlages« (»Take Dead Aim«) und »Streife das Tee« (»Clip the tee«). Wobei letzteres manchmal auch »Streife das Gras« bedeuten kann.

»Dies sind zwei Gedanken, die sich fest in meinem Kopf verankert haben, weil sie nicht mechanisch sind« sagte sie. »Du kannst kein gutes Golf spielen, wenn Du an mechanische Abläufe denkst. Du mußt in Bildern denken. Take Dead Aim, also bei jedem Schlag nur an das Ziel dieses einen Schlages zu denken, bedeutet für mich, daß einzig und allein die Frage, wo der Ball landen soll, meine Gedanken beschäftigt.«

Mary Ann glaubt fest daran, daß alle Spieler, aber insbesondere Damen, Stunden nehmen sollten, ehe sie zu spielen beginnen. Sie hat aber auch Verständnis dafür, daß viele Frauen weder die Zeit noch die Geduld haben, sechs Monate lang mit einem Pro zu arbeiten. So, wie sie dies als Mädchen tat.

»Eines sollte jeder Anfänger auf jeden Fall bewerkstelligen«, so Mary Ann, »nämlich einen zwei- bis dreitägigen Intensivkurs zu absolvieren, wo ihm die Grundsätze des Golfschwungs vermittelt werden. Danach wird er weniger geschockt sein, wenn er erstmals auf den Platz geht und merkt, wie schwierig das Spiel in der Praxis ist. Nach dem Intensivkurs sollte der Anfänger mit einem Lehrer, der ihm zusagt, weiter arbeiten. Dies mag auf den ersten Blick sehr zeitintensiv klingen. Aber glauben Sie mir, es ist die Sache wert.«

Einer der Gründe, warum Mary Ann Golf so sehr liebt, ist, daß man dem Golfspiel alleine nachgehen kann.

»Viele Menschen brauchen Zeit für sich. Und es gibt wohl keine bessere Möglichkeit, zu relaxen, als alleine über einen Golfplatz zu gehen«, sagt sie.

Ich erinnere mich gerne an die Zeiten, die ich mit Mary Ann auf der Driving-Range verbrachte. Wobei unsere Unterrichtsstunden zumeist nur von kurzer Dauer waren. Denn normalerweise konnte ich ihr schon nach 15 Minuten des Bälleschlagens sagen: »Okay, das ist jetzt genug. Nun geh auf den Platz und spiele.«

Einmal mußte Mary Ann ihren vier Kindern zuliebe einen wichtigen Golf-Termin absagen.

1973 nahm sie als Amateurin am LPGA-Turnier im Westwood Country Club in Houston teil. Niemand konnte sich vorstellen, daß eine Amateurin im hochklassigen Teilnehmerfeld mithalten würde, daher setzte sie der Starter schon um 7 Uhr morgens aufs erste Tee. Nur etwas mehr als drei Stunden später kehrte sie mit einer 71er-Runde zurück und fuhr nach Hause.

Nachmittags rief der Turnierdirektor bei ihr an und bat sie, zurückzukommen. Ihre 71 führte das Teilnehmerfeld an.

»Ich kann nicht kommen«, entschied sie. »Ich habe keinen Babysitter.«

Eine halbe Stunde später kam Kathy Whitworth mit einer 71 ins Clubhaus und teilte damit die Führung. Tags darauf schlug Mary Ann um 1 Uhr nachmittags am ersten Tee ab. Sie spielte erneut eine 71er-Runde und lag, schlaggleich mit Kathy, auch am Ende des zweiten Meisterschaftstages an der Spitze.

Am Sonntag spielte Mary Ann im Leaderflight. In der Früh ging sie in die Kirche und betete, sich nicht zu blamieren. Später erzählte sie mir, daß dies der schlimmste Druck gewesen sei, dem sie in ihrem Golferleben je ausgesetzt gewesen war.

Mary Ann beendete die Meisterschaft mit 80 Schlägen und teilte sich im Endklassement den fünften Platz. Eine tolle Vorstellung einer Amateurin, auf die zuhause vier Kinder warteten!

Ganz nebenbei – Kathy gewann das Turnier.

Mary Ann ist eine von acht Spielerinnen, die bei internationalen Seniorinnen-Turnieren Nord-Amerika gegen Europa repräsentierten. Sie ist Vorstandsmitglied des amerikanischen Senioren-Verbandes und nimmt alljährlich an der amerikanischen Senioren-Meisterschaft teil.
Wenn Sie gutes Golf sehen möchten, dann beobachten Sie Mary Ann bei diesen Senioren-Meisterschaften.

## Ein Tip

Als ein mit allen Schwierigkeiten des Golfschwungs wohlvertrauter Lehrer lache ich über das, was der Autor Stephen Potter über Golftips sagt, laut heraus.
Er wartete jeden Monat ungeduldig auf die Golf-Zeitung, aus der er dann stets sofort die neuesten Golftips ausschnitt. »Um sie meinen Konkurrenten zu zeigen«, wie er erzählte.
Ich kenne jemanden aus Austin, Doug Holloway, der vor etwa zehn Jahren noch ein hohes Handicap hatte, ehe er bei Chuck Cook im Golfclub »The Hills« bei Lakeway einen Golfkurs besuchte.
Holloway verbrachte drei lange Tage damit, unter der Leitung von Chuck hunderte von Bällen zu schlagen. Und innerhalb einer Monatsfrist spielte er 70er-Runden. Nun ist es oft so, daß sich Schüler rasch verbessern, um dann doch wieder in die alten Fehler zurückzufallen. Weil sie das Erlernte schnell wieder vergessen. Aber nicht so Doug Holloway. Auch heute noch, zehn Jahre später, spielt er immer noch 70er-Runden.
Sein Geheimnis ist, daß er sich alles aufschrieb, was ihm Chuck damals beibrachte. Und daß er sich noch heute an das damals Erlernte hält. Wenn ihm mal irgendetwas in seinem Spiel Probleme bereitet, dann liest er sich die Notizen von damals durch. Was ihn immer wieder auf den richtigen Weg gebracht hat. Denn er weiß, daß das, was er damals gelernt hat, das richtige für ihn war.
Doug Holloway hat niemals einen Technik-Tip in einer Fachzeitschrift gelesen. Und er hat sich seit den Tagen bei

Chuck auch nie mehr einem Golfbuch gewidmet. Er macht seither immer wieder dasselbe. Und es funktioniert stets aufs Neue.
Golftips können sehr hilfreich sein. Aber sie können Ihr Spiel auch negativ beeinflussen. Und wenn Ihnen ein Kontrahent einen Tip gibt, dann sollten sie den auf jeden Fall ignorieren.
Wenn Sie, am besten mit Hilfe Ihres Lehrers, einmal den Schwung gefunden haben, mit dem Sie gut zurechtkommen, dann bleiben Sie bei diesem Schwung! Und wenn Sie mal Probleme bekommen, dann überprüfen Sie, was Sie nun anders tun als zu den Zeiten, als der Schwung all Ihre Erwartungen erfüllte.
Sie mögen dabei mit dem Problem konfrontiert werden, daß das Befolgen eines Golftips Ihren Schwung zum Nachteil verändert hat.

## Der lebenswichtige, lange Chip

Als Golf-Neuling werden Sie ständig mit langen Chips konfrontiert. Beispielsweise, wenn Ihr Ball einen Meter außerhalb des Grüns liegt und die Fahne noch zwanzig bis dreißig Meter weit entfernt ist.
Sie müssen diesen Schlag erlernen! Er ist essentiell wichtig, wenn Sie bessere Scores nach Hause spielen möchten. Aber auch, wenn Sie ein besserer Spieler geworden sind, werden Sie weiterhin Chips vom Vorgrün aus machen müssen. Zwar nicht mehr so oft wie früher, als Sie noch ein Golf-Neuling waren. Aber dennoch werden Sie ab und an das Grün verfehlen und dann nur mit Hilfe eines guten, langen Chips das Par noch retten können.
Ein großer Unterschied zwischen einem Scratch-Spieler und einem Vorgabe-15-Spieler besteht darin, daß der Scratch-Spieler normalerweise seinen Chip nahe an die Fahne bringt und dann mit einem Par vom Grün gehen kann. Der Spieler mit einer hohen Vorgabe hingegen wird auf zwei bis drei Meter an die Fahne chippen, den verbleibenden Putt nicht versenken

können und mit einem Bogey, wenn nicht gar einem Double-Bogey, vom Grün gehen.

Wie ich tagtäglich sage: Ein Golfer, der Chippen kann, kann sich gegen jedermann durchsetzen. Ein Spieler, der es nicht kann, ist für niemanden eine Herausforderung.

Den Chip zu erlernen, ist auch der beste Weg, das Golfspiel zu erlernen.

Chippen ist nicht wie Putten!

Viele Spieler, auch einige gute, wenden bei einem langen Chip den Putt-Griff und die Putt-Bewegung an. Das ist solange in Ordnung, wie sie dazu auch den Putter benutzen.

Ich bevorzuge es allerdings, den Spieler mit einem starken Griff chippen zu sehen. Das heißt, die V's müssen zur rechten Schulter zeigen. (Anmerkung des Übersetzers: Das »V« ist die v-förmige Kerbe in der Hand, die sich zwischen Daumen und Zeigefinger bildet.) Erinnern Sie sich: Der Chip ist ein kleiner Drive, so wie ein Drive ein langer Chip ist.

Viele Spieler mit hohen Vorgaben ziehen es vor, vom Grünrand aus den Wedge zu nehmen, um den Ball hoch zum Loch zu spielen. Dabei fehlt ihnen für einen solchen Schlag zumeist sowohl das Können als auch die Erfahrung.

Bei einen Chip spielen Sie den Ball ungefähr von der Mitte ihres Standes aus. Sie verlagern Ihr Gewicht leicht auf den linken Fuß. Viele Spieler spielen den Schlag zwar mit einem offenen Stand, aber ich glaube, daß dies nicht für jedermann ratsam ist. Ich plädiere daher für den parallel zum Ziel ausgerichteten Stand.

Verkürzen Sie den Griff, sprich, greifen Sie den Schläger gleich am Beginn seines Griffes. Leute sagen hierzu immer wieder: »Schubse den Ball wie mit dem Putter.« Aber »Schubsen« ist ein Wort, das Sie von mir nicht hören werden.

Der Rückschwung sollte ebenso lang wie der Durchschwung sein, ganz so, als ob Sie den Ball ganz normal werfen würden. Ein langer Durchschwung ist das Ergebnis der Verlangsammung des Schwunges. Dabei wollen Sie den Schläger doch eigentlich beschleunigen!

Streifen Sie das Gras mit dem Schlägerkopf, wenn Sie schwingen.
Machen Sie einige Probeschwünge, während Sie die Entfernung zum Loch in den Händen und Fingern fühlen sollten.
Entscheiden Sie sich für einen Schläger mit geringem Loft, denn er wird Ihren Ball am schnellsten wieder aufkommen und dann ausrollen lassen. Ein Eisen 7 ist grundsätzlich ein guter Schläger zum Chippen. Aber es gibt auch Chips, bei dem man gar zum Eisen 5 oder mehr greifen sollte.
Erinnern Sie sich an das Grundlegende: Die Hände führen den Schlägerkopf nicht nur bis zum Ball, sondern bleiben bis zum Schwungende vor dem Schlägerkopf – oder zumindest auf dessen Höhe.
Beim Üben des Chips schlagen Sie aus unterschiedlichen Entfernungen. Die Ziellinie bereitet beim Chip die geringsten Schwierigkeiten. Es ist vielmehr das Gefühl für die Länge, das es zu entwickeln gilt.
Training bildet Vertrauen. Mit Vertrauen werden Sie rasch beginnen, »up and down« zu spielen. Das heißt, den auf den Chip folgenden Putt lochen zu können.
Wenn es Ihnen gelingt, aus »Chip und zwei Putts« regelmäßig »Chip und einen Putt« zu machen, dann werden Sie bald ein begehrter Vierer-Partner sein.

## Wieviele Wedges?

Für einen Pro, der seinen Lebensunterhalt mit dem Spielen verdient, ist der Wedge – nach dem Putter und dem Driver – der drittwichtigste Schläger im Bag.
Für einen Amateur, der aus Spaß an der Freude spielt, ist der Chip-Schläger wichtiger als der Wedge. Weil er den Ball viel öfters aus dem Vorgrün nahe an die Fahne bringen muß.
Für einen Pro ist der dritte Wedge oft der vitale Lebensretter. Die Rede ist dabei von dem Wedge mit einem extrem hohen Loft.

Der Amateur von mittlerer Spielstärke würde durch einen dritten Wedge nur verunsichert, welchen Wedge er denn nun eigentlich nehmen soll. Er lernt besser, die meisten Pitch-Schläge mit dem Sandwedge auszuführen.

## Suche nach Gefühl

Viele Damen beginnen Golf mit Schlägern, die zu lang, zu schwer und zu steif für sie sind. Sie nehmen einfach einen Schläger aus dem Bag eines männlichen Freundes oder Verwandten und machen ein paar Schläge. Deren Ergebnis zumeist von vornherein zur Erfolglosigkeit verurteilt ist.
Anders als Pros oder Spieler mit guten Vorgaben sollten Damen Schläger benutzen, die körper- und veranlagungsspezifisch für sie gefertigt wurden.
Eigentlich sollten sogar viele Männer Damen-Schläger benutzen. Denn leichtere, kürzere Schläger beziehungsweise weichere, flexiblere Schäfte würden das Spiel all jener Männer verbessern, die nicht so kräftig und beweglich sind, wie sie denken, es zu sein.
Damen, die mit dem Spiel beginnen, oder Damen, die zwar schon seit einiger Zeit spielen, aber ihr Handicap verbessern möchten, sollten sicherstellen, daß ihre Schläger ihren körperlichen Voraussetzungen entsprechen.
Es ist heutzutage weder besonders teuer noch besonders schwierig, maßgefertigte Schläger zu kaufen. Selbst bei Schlägern »von der Stange« haben Sie – je nach Hersteller – die Wahl zwischen verschiedenen Schäften und Schlägerblatt-Neigungen.
Ob Club-Pro oder Verkäufer in den Golfläden, die derzeit überall aus dem Boden schießen ... Jeder wird Ihnen gerne helfen, die für Sie richtigen Schläger auszuwählen. Voraussetzung ist natürlich, daß Sie genau wissen, was Sie eigentlich möchten. Wobei das wichtigste Auswahlkriterium ist, wie Ihnen der Schläger in der Hand liegt.

Niemand außer Ihnen kann diese Entscheidung treffen. Auch wenn ein Pro der Meinung ist, daß ein gewisser Schlägersatz genau der richtige für Sie sei, dieser Ihnen aber nicht gut in den Händen liegt, dann ist es eben doch nicht der richtige Schlägersatz für Sie.

Mein Freund Tom Wishon, der Mann aller Schlägerentwicklungen aus dem Hause Golfsmith, hat einen Fragenkatalog entworfen, mit dem er hofft, Ihnen die Schlägerwahl erleichtern zu können.

Es geht beispielsweise darum, ob Sie einen Schläger bevorzugen, der sich während des Schwungs wie eine feste Einheit anfühlt, ob der Schläger etwas stärker beschleunigen soll oder ob Ihnen gar ein peitschenähnliches Gefühl am liebsten ist.

Mit seinen 26 Fragen kommt Tom dem Gefühl, das Sie für Ihre Schläger empfinden möchten, auf die Spur. Dennoch verbleibt die Qual der Wahl stets bei Ihnen. Um diese zu erleichtern, müssen Sie nicht nur sich, sondern auch der Person, die sie beim Schlägerkauf berät, gegenüber absolut ehrlich sein.

»Ein Gefühl ist ein Gefühl. Man kann es nicht in Worte fassen«, sagt Tom. »Wie zum Beispiel würden Sie das Gefühl 'Naß' umschreiben?«

Ein Schlägersatz, der sich gut anfühlt, gut aussieht und zudem Ihrer Persönlichkeit entspricht, gibt Ihnen ein wunderbares Gefühl der Sicherheit. Und die wiederum verhilft Ihnen zu besseren Ergebnissen – und entsprechend schöneren Stunden auf dem Golfplatz.

## Eine Frage des Gefühls

In früheren Jahren hatten wir ungefähr sechzig Schlägersätze in den Regalen unseres Austin Country Clubs.
Es waren Schlägersätze, die den Mitgliedern gehörten.
An regnerischen Tagen erlaubten wir uns ab und an ein kleines Spielchen, bei dem es um den Einsatz von 50 Pfennig ging. Ich schloß meine Augen, jemand zog einen Schläger aus einem Bag und legte ihn mir in die Hand.
Mit geschlossenen Augen ließ ich meine Finger über die Schlagfläche, den Schaft und den Griff gleiten. Dann dachte ich einen kurzen Moment nach, ehe ich den Schläger mit »Dies ist Dr. Miller's Eisen 5« oder »Ja, das ist Mrs. Armstrongs Eisen 9« zu identifizieren versuchte.
Und ich lag meistens richtig!
Es handelte sich dabei keineswegs um Zauberei. Denn viele der Schläger hatte ich mit meinen eigenen Händen bearbeitet. So hatte ich beispielsweise die Holzschäfte mit einer Glasscherbe poliert, um sie so flexibel werden zu lassen, wie dies das Mitglied benötigte. Und auch die Schläger, die bearbeitungstechnisch nicht durch meine Hände gegangen waren, kannte ich alle. Schließlich lag es in meiner Verantwortung, sie ebenso sauber wie im guten Zustand zu erhalten. Entsprechend oft hatte ich sie in den Händen. Jeder dieser Schläger paßte also genau zu einem ganz individuellen Spieler.
Dann kamen die Stahlschäfte auf den Markt, die den Herstellern die Massenproduktion erlaubten.
Heute geht die Tendenz wieder hin zu maßgemachten Schlägern. Man greift sich nicht mehr einfach einen Schläger aus dem Regal. Stattdessen lassen sich viele Golfer ihre Schläger entsprechend ihrer Körpergröße, der Länge ihrer Arme und ihrer Schwunggeschwindigkeit anfertigen. Oder kaufen ausschließlich Schläger, die ihnen besonders gut in den Händen liegen.
Tour-Spieler »doktern« ununterbrochen an ihren Schlägern herum. Sie probieren Neues, wechseln die Schäfte, ändern

durch Verbiegen die Neigungswinkel oder befestigen Gewichte an den Schlägerköpfen, um diese zu erschweren.
Jeder Tourspieler kann mit jedem Schläger auf der Driving-Range sichtlich kerzengerade Schläge ausführen. Aber nur der Tour-Spieler selbst kann wirklich beurteilen, wie gut diese Schläge tatsächlich sind. Ein Spieler mit hoher Vorgabe kann von den maßgeschneiderten Schlägern viel mehr profitieren als ein Pro. Erstaunlicherweise ist es aber der Pro, der stets Schläger hat, die ganz genau zu ihm passen. Und nicht etwa der Amateur!
Eine immer größere Anzahl von Golfern kauft inzwischen in Großhandlungen oder auch aus dem Katalog die Einzelteile des Schlägers, sprich den Schaft, den Schlägerkopf und den Griff, um den Schläger dann eigenhändig zusammenzusetzen. (Beziehungsweise um jemanden zu beauftragen, den Schläger zusammenzusetzen.) Dies ist teilweise eine Auswirkung der steigenden Schlägerkosten. Denn ein hervorragender Eisenschläger kann heute mehr kosten als zu Zeiten, als ich jung war, ein Auto. Andererseits entscheiden sich Golfer auch für diesen Kaufweg, weil sie so auf relativ einfache Art und Weise in den Besitz von maßgefertigten Schlägern kommen.
In meinen Augen ist der eigenhändige Zusammenbau eines Schlägers ein tolles Erlebnis, das auch Sie niemals vergessen werden.

## Kampf den Luftschlägen

Bill Moretti, ein sehr guter Golflehrer, erzählte mir, wie er eine Schülerin von ihren Luftschlägen kurierte. Wobei die Dame ganz einfach über den Ball hinwegschwang.
Pat, der Schülerin, war von ihrem Mann hunderte Male gesagt worden, über den Ball gebeugt zu bleiben.
Bill schaute sich einige ihrer Schwünge an, bei denen sie regelmäßig über den Ball hinwegschwang. Dabei stellte er fest, daß sich ihr Kopf während des Schlags vor lauter Anstrengung um zwölf Zentimeter herunterbeugte.
Ihr Problem war keinesfalls, daß sie nicht über dem Ball blieb. Es war vielmehr, daß ihre Schwungebene und ihre Körperhaltung den Schläger fast waagrecht zum Ball schwingen ließen, anstatt nach unten und durch ihn.
Die erste Korrektur galt also ihrer Ansprechposition.
Bill beugte Pat aus der Hüfte, so daß sie ihre Schultern vor ihrem Kinn nach hinten und vorne bewegen konnte. Auch ihr Griff wurde verändert, fortan griff sie den Schläger nicht mehr mit dem Handballen, sondern mit den Fingern.
So wie die meisten Damen, fühlte auch sie sich unsicher, wenn es ihr Hinterteil herauszustrecken galt, was für eine gute, saubere Ballansprache aber unumgänglich ist. Bill bediente sich daher eines Spiegels, um ihr zu dokumentieren, daß sie auch so gut aussah.
Mit dem Schlägergriff in ihren Fingern konnte sie den Schlägerkopf entlang der Ziellinie zurückschwingen, bis er auf Kniehöhe war. Das Griffende zeigte wiederum zur Ziellinie, als sie ungefähr auf Höhe des Kinns war.
Aufgrund der neuen Ansprechposition konnten sich ihre Schultern nunmehr unter dem Kinn bewegen. Und da der Schläger im Abschwung zur Ziellinie zeigte, kam ebenso natürlich wie mühelos der Ballkontakt zustande.
Pats Luftschläge gehörten der Vergangenheit an.
Deren Ursache lag weitgehend in der unlogischen Golf-Empfehlung »Halte Deinen Kopf unten«. Auch mir bereitet es je-

desmal Schmerzen, wenn Schüler mit auf der Brust eingefrorenen Kinnknochen zu mir kommen, nur weil ihnen jemanden gesagt hat, so zu schwingen.
Bill brachte Pat auch eine Übungshilfe bei.
Er steckte ein Tee in das Ende des Griffs. So konnte Pat sehen und fühlen, wie das Tee bei einem korrekten Rückschwung auf die Ziellinie zeigte.
Bill bestätigte mir, daß Pat sich in der Folge stetig verbesserte und eines Tages noch zu einer guten Spielerin werden würde. Bill freute sich sehr, als sie begann, saubere Schläge zu machen. Wie alle herausragenden Golflehrer liebte Bill das Golfspiel. Entsprechend bereitete es auch ihm stets größte Genugtuung, wenn er seinen Schüler etwas Schwungentscheidendes beibringen konnte.

## Die Dame im Bunker

Sie kam von New Jersey nach Texas, um dem Schnee ihrer Heimat zu entkommen, ihre Schwester und deren Mann zu besuchen und um das Wetter unserer Breitengraden für viele Runden Golf zu nützen.
Wie sie mir gleich bei unserer ersten Begegnung erzählte, liebte sie Golf. Sie liebte es, alleine über den Platz zu gehen und inmitten der parkähnlichen Landschaft die saubere Luft tief einzuatmen. Sie liebte den sportlichen Wettstreit ebenso wie die damit verbundenen Freuden und Enttäuschungen.
Sie liebte alles am Golf, wie sie mir versicherte. Mit einer Ausnahme. Denn es gab etwas, was sie richtiggehend haßte.
Sie haßte Sandbunker.
»Ich weiß, daß Schafe in Schottland die Bunker nützen, um sich gegen den scharfen Wind zu schützen. Aber ich kann nicht verstehen, warum Golf-Architekten – alles Männer, oder irre ich mich – so verrückt sind, wundervolle Golfplätze mit kleinen, sandgefüllten Löchern zu verunstalten. Diese Sandhindernisse können einem doch den ganzen Nachmittag verderben.«

»Warum haben Sie denn Angst vor Sand?« wollte ich wissen.
»Ich habe nicht gesagt, daß ich Angst vor ihnen hätte«, protestierte sie. »Ich sagte, daß ich sie hasse. Außerdem bin ich der Meinung, daß es schlicht dumm ist, auf einem Golfplatz Löcher zu graben, um sie dann mit Sand zu füllen.«
»Lassen Sie uns zum Bunker gehen und einige Schläge machen«, schlug ich vor.
»Ich bin hierher gekommen, um Golfunterricht zu nehmen. Und nicht, um gequält zu werden«, widersprach sie. »Womit soll ich also anfangen. Mit dem Eisen 7?«
»Wie wär's mit dem Sandwedge«, blieb ich hartnäckig.
»Meine Schwester hat mir erzählt, daß Sie gesagt hätten, daß man die Eisen nur präzise genug zu schlagen braucht, um gar nicht erst im Bunker zu enden. Denn die sind schließlich so angelegt, daß nur ungenaue Eisen-7-Schläge darin landen«, sagte sie. Dabei stützte sie ihre Hände in die Hüften und blickte mir gerade in die Augen. Sie war eine hübsche, junge, attraktive und kluge Frau. Eine Frau, die wußte, was sie wollte. Dafür wußte ich, was sie brauchte. Es mußte mir gelingen, ihr die Angst vor dem Bunkerspiel zu nehmen. Es war schlichtweg dumm, daß sie sich durch einen so einfachen Schlag die Freude am Spiel trüben ließ.
»Okay«, willigte ich ein. »Lassen Sie uns mit dem Eisen 7 einige Übungsschläge machen.«
Sie machte einen rhythmischen und athletischen Schwung, bei dem der Schläger jedoch nichts berührte. Ganz so, als ob es sich um eine Lockerungsübung handelte.
»Zielen Sie bei jedem Schwung, auch beim Übungsschwung, immer auf einen bestimmten Punkt am Boden. Setzen Sie sich ein Stück Gras zum Ziel und treffen Sie es dann mit dem Schlägerkopf«, forderte ich sie auf.
»Das macht Sinn«, sagte sie. »Bringen Sie mir bei, mich auf das Wesentliche zu konzentrieren.«
»Über das Wesentliche kann ich nichts sagen. Aber ich kann Ihnen beibringen, so zu schlagen, wie Sie schlagen sollten«, antwortete ich.

»Sehen Sie dieses Blatt?«, fragte sie. Und schon hatte sie es weggeschlagen. »Sehen Sie diese gelbe Stelle im Rasen?« Und schon streifte ihr Schlägerblatt über genau diese Stelle hinweg.

Ich forderte sie auf, ein Tee in den Boden zu stecken und es mit dem Schlägerkopf zu streifen.

Auch das machte sie sehr gut. Dann legte sie sich einige Übungsbälle zurecht.

»Wann geht's los?«, fragte sie.

»Wir sind schon am Ende«, antwortete ich.

Sie lachte, legte sich mit dem Eisen 7 einen Ball zurecht und nahm ihren Stand ein.

Ich ging weg.

»Wo gehen Sie denn hin?« rief sie mir nach. »Sie haben mich doch noch gar keinen Ball schlagen gesehen.«

»Ich habe Ihren Schwung gesehen. Mit dem können Sie spielen, wo auch immer Sie möchten. In Texas, Vermont, New York, Kalifornien oder Florida. Ihr Schwung wird überall gleich gut sein«, rief ich zurück. »Aber wohin auch immer Sie kommen, es werden dort auch Bunker sein. Ich kann Ihnen nicht weiterhelfen, wenn Sie nicht bereit sind, von überall aus zu spielen. Also auch aus dem Bunker.«

Ich war schon fast wieder beim Pro-Shop, als sie mich einholte.

»Es hat doch keinen Sinn«, unternahm sie den Versuch einer Erklärung. »Das ist ein mentales Problem bei mir. Sobald ich einen Fuß in den Sand setze, fühle ich mich absolut hilflos. Ich hacke ein halbes Dutzend Male auf den Ball ein, bevor der endlich wieder aus dem Sand draußen ist.«

»Sie haben Angst vor der Zukunft«, sagte ich. »Sie haben Angst vor dem Ergebnis eines Schlages, den sie noch gar nicht ausgeführt haben.«

»Daß ich Angst vor der Zukunft habe, kann doch an den Erfahrungen liegen, die ich in der Vergangenheit gemacht habe«, insistierte sie.

Inzwischen gingen wir in Richtung des Übungsbunker.

»Es ist wirklich einfach, einen Ball aus einer normalen Bunkerlage herauszuspielen«, machte ich ihr Mut. »Es gibt da eine Methode, die bestimmt zum Erfolg führt. Sie müssen nicht einmal darüber nachdenken. Und Sie brauchen auch keine Angst mehr vor der Zukunft zu haben.«
Sie nahm ihren Sandwedge aus dem Bag. Dann ging sie in den Bunker mit einem Blick, als ob sie gerade in ein eiskaltes Wasserbad steigen müßte. Ihre Arme und Hände waren angespannt – und ich sah ein Runzeln auf ihrer Stirn.
»Sie müssen sich wirklich keine Sorgen machen«, sagte ich. »Wenn meine Methode nicht funktioniert, dann muß ich mir Sorgen machen, weil ich Ihnen nicht helfen konnte.«
»Sie sind doch nicht der erste Lehrer, den ich konsultiere, Harvey. Auch andere haben es bereits mit mir versucht.«
Ich bat sie, ihre Füße etwas zu drehen, damit sie etwas, aber nicht zu tief, in den Sand sanken. Der Ball lag in der Mitte ihres Standes, ganz so, wie er gespielt werden muß.
»Nun öffnen Sie bitte das Schlägerblatt, bevor Sie den Schläger greifen. Wenn Sie den Schläger greifen und dann erst das Blatt öffnen, tun Sie nichts anderes, als sich das Leben schwerer zu machen.«
»Richten Sie Ihren Körper im rechten Winkel zur Fahne aus. Sehen Sie, wie Ihr Schlägerblatt rechts vom Ziel ausgerichtet ist?«
»Weil es offen ist«, antwortete sie.
»Greifen Sie nun den Schläger etwas fester mit dem linken kleinen Finger und dem linken Ringfinger. Wir wollen schließlich, daß der Schläger durch den Sand geht und sich nicht verdreht, wenn er in den Sand eindringt. Das stellen wir dadurch sicher.«
»Als nächstes möchte ich, daß Sie Ihre Füße und Ihren Körper etwas nach links drehen, bis das Schlägerblatt wieder zur Fahne zeigt.«
»Legen Sie etwas mehr Gewicht auf den linken als auf Ihren rechten Fuß. Blicken Sie nun zur Fahne, um ein Gefühl für die Entfernung zu entwickeln.«

»Wenn Sie jetzt schwingen, müssen Sie Ihren Schläger entlang der Linie Ihrer Schultern und Füße führen. Schwingen Sie nicht schnell, aber aggressiv. Führen Sie den Schläger durch den Sand, wobei Ihr Schläger zwei Daumenbreiten vor dem Ball in den Sand treffen sollte. Ich will, daß Sand auf das Grün fliegt. So, und jetzt sind Sie dran.«

Der Ball flog aus dem Bunker und landete etwa fünf Meter hinter der Fahne.

Ich applaudierte. Sie wirkte überrascht.

»Nun haben Sie es geschafft«, sagte ich. »Für den Moment ist das alles, was Sie zu tun haben. Auf Ihrem Spielniveau müssen Sie den Ball aus dem Sand heraus nur irgendwo aufs Grün hin schlagen. Es gilt, auf jeden Fall den nächsten Schlag mit dem Putter ausführen zu können.«

»Es kann doch nicht so einfach sein«, sagte sie, mehr zu sich selbst als zu mir.

»Probieren Sie es noch einmal«, forderte ich sie auf.

Sie wiederholte den Schlag. Diesmal kam der Ball acht Meter vom Loch zur Ruhe. Aber sie war so glücklich, als ob sie ihn gelocht hätte.

»Ich kann's nicht glauben. Nach so langer Zeit...«, sagte sie.

»Hei – wo gehen Sie denn jetzt schon wieder hin?«

»Ich hol' einen Eimer Übungsbälle, den ich Ihnen dann in den Bunker schütte. Wenn Sie dann alle Bälle aus dem Sand gespielt haben, werden Sie keine Angst mehr vor der Zukunft haben. Sie werden den Schlag sogar gern spielen.«

»Werden Sie mir zusehen?«

»Wenn Sie sich an den Ablauf halten und alle Bälle aus dem Sand spielen, werden Sie sich selber etwas beibringen«, sagte ich und entfernte mich in Richtung Driving-Range.

Es ist der Traum eines jeden Lehrers, einem Schüler zu lehren, wie er sich selbst etwas beibringen kann.

## Ein Blick aus dem Fenster

Als unser Austin Country Club noch am Riverside Drive lag, wohnten Helen und ich in einem Haus, von dem wir das zwölfte Loch, ein Par 3, schön überblicken konnten.
Während ich tagsüber im Club beschäftigt war, beobachtete Helen immer wieder lustige Begebenheiten an dieser Spielbahn. Die erinnerungswürdigsten waren dabei zwei Holes-in-Ones.
Das eine gelang einer von Helens Freundinnen mit dem Holz 3. Der Ball knallte laut gegen einen Baum, kam zurück auf die Spielbahn, sprang mehrfach auf, rollte schließlich aufs Grün und verschwand im Loch.
Das andere As spielte eines unserer spielbegeisterten Mitglieder, eine französische Gräfin.
Sie teete den Ball auf, schwang und verfehlte den Ball, der aber dennoch vom Tee fiel. Sie erklärte den Ball daraufhin für unspielbar und setzte ihn erneut aufs Tee.
Danach schlug sie den Ball direkt ins Loch.
Es war kein As. Es war nicht einmal eine »2«. Weil sie den Ball zweimal aufgeteet hatte, konnte sie sich für ihr Hole-in-One nur ein Par 3 notieren.

## Ein ruhiger Kopf

Ich bin sehr vorsichtig, wenn ich über die Stellung des Kopfes während des Schwungs spreche. Weil es leicht falsch verstanden werden könnte.

Wenn ich sage, daß sich der Kopf während des Schwungs ruhig etwas nach hinten bewegen darf, aber niemals nach vorne, ehe der Ball geschlagen ist, dann hören einige Schüler nur die Worte »Es ist schon in Ordnung, wenn sich der Kopf bewegt«.

Der Kopf darf niemals wie bei Truthähnen rauf und runter baumeln, ebensowenig, wie sich das Kinn nicht mit den Schultern von hinten nach vorne drehen darf. Weil man sonst hin und herschwankt und versuchen wird, den zu schlagenden Ball zu lokalisieren.

Tatsache ist, daß alle guten Spieler, die ich jemals ihren Kopf während des Schwungs bewegen sah, diesen immer nach hinten bewegt haben.

Die meisten guten Spieler bewegen ihren Kopf sogar mehr als eine Daumenbreite nach hinten, während sie im Abschwung mit den Schultern ihr Kinn passieren.

Aber bei allen guten Spielern bleibt der Kopf immer hinter dem Ball.

Kaum, daß sie dieses vernommen haben, nicken einige Schüler verständnisvoll mit dem Kopf. Und behalten dann doch nur »Es ist in Ordnung, wenn sich der Kopf bewegt« in Erinnerung.

So gesehen, ist es falsch, den Kopf während des Schwungs zu bewegen.

Sie sollten also daran denken, den Kopf ruhig zu halten.

Ihr Kopf bewegt sich sowieso, auch wenn Sie dies möglicherweise gar nicht spüren. Aber wahrscheinlich brauchen Sie den Gedanken, den Kopf ruhig zu halten, wenn Sie mit Ihren Schlägen nicht zufrieden sind.

Louise Suggs lehrt, daß das wichtigste Gedankenbild während des Schwungs die Stellung des Kopfs ist. Sie stellt sich vor, daß ihr Kopf die Nabe eines Wagenrades darstellt, während die

Arme die Speichen sind, die das Wagenrad um die Nabe herumlaufen lassen. Wenn ihr Kopf, die Nabe, ruckartig wackelt oder nach vorne kippt, werden die Speichen brechen und das Rad sich lösen.

Viele gute Lehrer stimmen mit dem Bild, daß der Kopf die Nabe ist, um die herum der Schwung verläuft, überein. So ist es auch zu verstehen, daß der Kopf ruhig gehalten werden soll. Jack Nicklaus hat erzählt, daß ihm schon in jungen Jahren von seinem ersten Trainer, Jack Grout, beigebracht wurde, immer mit einem ruhiggehaltenen Kopf zu spielen. Grout griff ihm hierfür in den Haarschopf und hielt ihn während des ganzen Schwungs fest. Denn Grout betrachtete die ruhige Kopfstellung als universalen, undiskutierbaren Grundsatz des Golfschwungs.

Bobby Jones vertrat die Meinung, daß der korrekte Schwung unterhalb des sich nicht bewegenden Kopfes abläuft. Jones stellte sich vor, daß der Kopf der Anker des Schwungs sei.

Ich befragte einige meiner Schüler, was sie davon hielten, den Kopf ruhig zu halten.

Der Rat, den Kopf ruhig zu halten, ist nicht zu verwechseln mit dem »Halt' den Kopf unten«. Denn Sie halten Ihren Kopf ja hoch und ruhig, während der Schwung unter ihm entlang verläuft.

Mit »ruhigem Kopf« meine ich nicht »versteinert«. Ich halte mich am liebsten an Bobby Jones und wähle die Ausdrucksweise »den Kopf praktisch ruhig halten«. In keinem Fall aber gebe ich jemanden den Freibrief, den Kopf nach vorne bewegen zu dürfen.

Denn das Schlimmste, was Sie machen können, ist, den Kopf vor dem Ballkontakt nach vorne zu bewegen.

»Den Kopf ruhig zu halten« ist ein Schwunggedanke, der schon bei manchen Schülern Wunder bewirkt hat.

## Heimtraining

Die beste Übung für den vollen Schwung, die ich kenne, kann auch zuhause praktiziert werden.
Nehmen Sie drei Tees und Ihr Eisen 7. Gehen Sie nach draußen und suchen Sie sich ein Stückchen Rasen. Sollten Sie keine Rasenfläche haben, so können Sie ein Quadratmeter großes Teppichstück in Ihre Einfahrt, auf Ihren Vorplatz oder auf Ihre Terrasse legen. Alternativ zum Teppich bekommen Sie auch in jedem Pro-Shop oder Versandhaus eine Übungsmatte. Sie brauchen für diese Übung nicht einmal einen Golfball. Sie ist sogar effizienter, wenn Sie sie ohne Ball machen. Denn mit dem Ball vor Augen verkrampfen Sie nur. Was Sie bei dieser Übung aber auf keinen Fall tun sollen.
Stecken Sie die drei Tees ins Gras oder in kleine Löcher, die Sie zuvor in den Teppich gebohrt haben.
Schwingen Sie zum ersten Tee. Schlagen Sie es in die Luft oder streifen Sie es. Machen Sie danach das gleiche mit dem zweiten und dem dritten Tee. Richten Sie sich dann die Tees wieder zurecht und wiederholen Sie die Übung zwei-, drei-, vier- oder gar fünfmal. Je nachdem, wie lange Sie in der Lage sind, sich zu konzentrieren und dem, was Sie tun, Ihre ganze Aufmerksamkeit zu schenken.
Das Ziel der Übung ist, daß Sie lernen, mit dem Golfschwung etwas wegzuschlagen. Dabei verkrampfen Sie auch nicht, weil ja gar kein Golfball da ist, den Sie unbedingt treffen möchten. Diese Übung ist auch hervorragend geeignet, wenn Sie einmal zu spät zum Golfplatz kommen, um vor der Runde noch zu putten, chippen oder ein paar Bälle zu schlagen. Stecken Sie einfach drei Tees in den Boden und streifen Sie sie mit einigen Probeschwüngen. Ihr Unterbewußtsein wird dadurch sofort auf die bevorstehende Runde eingestimmt.
Wie ich immer wieder sage, muß ein Probeschwung darauf ausgerichtet sein, etwas zu treffen. Wie in diesem Fall das Tee im Boden. Es ist kein richtiger Probeschwung, wenn er lediglich der Entspannung der Muskulatur dient.

Auch wenn Sie in einer Wohnung leben, die Ihnen keinen Platz für einen vollen Schwung mit einem Eisen 7 läßt, habe ich zwei gute Übungen für Sie. Es handelt sich dabei um den Zeitlupenschwung und die magische Bewegung. Diese beiden Übungen sind detailliert in meinem Buch »Golf-Weisheiten« beschrieben. Daher hier nur in Kürze: Der Zeitlupenschwung ist, wie sein Name schon verrät, das Schwingen eines Schlägers in extrem langsamer Art und Weise. Die »magische Bewegung« indes bringt Ihren rechten Arm im Abschwung nah an Ihre rechte Körperhälfte, während sich Ihr Gewicht gleichzeitig auf den linken Fuß verlagert. Doch auch bei diesen Übungen müssen Sie jeden Schwung auf einen bestimmten Zielpunkt ausrichten.
Diese Bewegungen können überall ausgeübt werden, wo man ungestört ist – zuhause ebenso wie im Büro.
Eine meiner Schülerinnen machte im Büro regelmäßig einige Schwünge mit einem gekürzten, aber vom Gewicht her schweren Schläger, den sie auch noch einmal zuhause in ihrer Wohnung hatte.
Denken Sie auch daran, daß Sie sich viel Gutes tun können, wenn Sie auf dem Teppich Putten üben. Tour-Spieler machen das übrigens schon seit ewigen Tour-Zeiten auch in ihren Hotelzimmern!
Ich muß hier aber noch einmal auf den entscheidenden Punkt all dieser Übungen hinweisen: Bei jedem Schwung müssen Sie auf etwas zielen, und dieses Etwas dann auch treffen.
Solange Sie nicht in der Lage sind, den anvisierten Punkt zu treffen, ist Ihr Golfschwung wenig wert. Und sei er auch der optisch schönste Golfschwung der Welt.

## Übe die Kurzen!

Das Üben von kurzen Schlägen wird Ihr Spiel in jeder Beziehung verbessern. Das Üben der langen Schläge hingegen verhilft Ihnen nur zu einem besseren langen Spiel.
Nur der Bunkerschlag ist in seiner Ausführung einzigartig und muß daher unabhängig von allen anderen Schlägen geübt werden. Denn kein anderer Schlag ist darauf ausgerichtet, aus dem Sand zu spielen.
Das kurze Spiel können Sie immer üben, auch wenn Sie anschließend nicht zu einer Golfrunde verabredet sind. Sie müssen sich für das Üben des kurzen Spiels nicht einmal umziehen. Nehmen Sie einfach den Schläger, den Sie zum Chippen benützen, sowie einen beziehungsweise zwei Bälle. Und machen Sie sich damit eine ebenso angenehme wie entspannende Stunde.

## Üben, wie Mickey Wright übt

Über die Jahre hinweg habe ich mich aller möglichen Übungshilfen bedient. Mit einer einzigen Ausnahme: Der Video-Kamera.
Ich habe nichts gegen Golflehrer, die mit Hilfe der Video-Kamera die Schwünge ihrer Schüler analysieren. Nur ich habe das halt nie getan.
Vor einigen Jahren ließ unsere Damen-Golf-Vereinigung bei einem Turnier jede Spielerin beim ersten Abschlag filmen. Beim gemeinsamen Abendessen wurde dieses Band dann öffentlich vorgespielt. Mit der Folge, daß 80 Prozent der gefilmten Damen in den nächsten Wochen nicht mehr auf den Platz kamen. Es ist halt besser, manche Dinge nicht vor Augen geführt zu bekommen!
Unter allen Übungshilfen, die ich im Laufe meines Lehrer-Lebens kennengelernt habe, gibt es zwei, die ich jedem Golfer weiterempfehlen kann. Unabhängig seines Körperbaus, seines spielerischen Niveaus oder seines Alters.

Mein Lieblingsübungsgerät ist die Sense, die ja in jedem Haushaltswarengeschäft gekauft werden kann. Das Gras mit dieser Sense zu streifen ist die gleiche Bewegung, wie wenn Sie im Golfschwung auf den Ball treffen.
Darüber hinaus halte ich sehr viel von dem Gummiband, das Mickey Wright benutzt, um ihre Ellbogen zusammenzuhalten.
Es handelt sich dabei um zwei elastische Schlaufen – eine für jeden Arm – und einen Gurt, der die beiden Schlaufen verbindet.
Das erste Mal sah ich das Gummiband auf der Titelseite eines Golf-Sachbuches, das vor mehr als hundert Jahren geschrieben worden war. Der Autor, dessen Name mir entfallen ist, war dort abgebildet, wie er seine Ellbogen in ein breites Gummiband, das möglicherweise ein Gürtel war, gezwängt hatte. In natura war Ende der zwanziger Jahre der Engländer Abe Mitchell der erste Spieler, den ich je mit dem Gummiband üben sah. Er verfolgte das gleiche Ziel wie Mickey Wright: Die Ellbogen während des Schwungs zusammenzuhalten.
Mickey war auf das Gummiband von ihrem ersten Trainer, Harry Pressler, aufmerksam gemacht worden.
Das Gummiband gibt es in fast allen Golf-Shops zu kaufen.
Alles, was Sie tun, um ähnlich wie Mickey Wright zu schwingen, wird sich für Sie bezahlt machen!

## Der Beginn des Schwungs

Ich plädiere dafür, den Golfschwung durch einen leichten Forward-Press, also einer kleinen Bewegung der Hände in Richtung Ziel, einzuleiten. Ganz so, als ob Sie sich auf den Schwung mit dem Wassereimer vorbereiteten.

Ich habe Schüler, die mich fragen: »Gut, Harvey, ich stelle mir jetzt vor, mit einem Wassereimer in den Händen zu schwingen. Und dann? Was kommt nach dem Forward-Press? Was soll ich dann tun?«

Sagen Sie sich einfach, Sie beginnen Ihren Rückschwung, indem Sie sich vom Ball wegdrehen.

Laut Bobby Jones ist der Hüft- und Körpereinsatz der entscheidende Unterschied zwischen dem Schwung eines Spitzenspielers und dem eines Durchschnittsspielers.

Wobei Stewart Maiden die Bedeutung einer guten Hüftdrehung zu Beginn des Schwungs unterstrich.

Golf ist ein sensibles Spiel, das viel mit mentaler Stärke zu tun hat. Dementsprechend gibt es verschiedene Theorien darüber, wie man den Golfschwung einleiten sollte. Die meisten Spieler mit hohen Vorgaben vertrauen dabei jede Woche auf eine andere Theorie. Mit dem Ergebnis, das sie nie genau wissen, was sie eigentlich tun.

Während eines PGA-Seminar sagte uns Julius Boros: »Leiten Sie den Schwung mit der linken Schulter ein, die Hüften und Knie folgen dann schon.«

Ob nun mit der Hüfte oder mit der linken Schulter – eine dieser beiden Theorien paßt zu jedem Spieler.

Probieren Sie beide Methoden aus, entscheiden Sie sich dann für eine – und bleiben Sie dieser Lösung in der Folge treu.

Ich kombiniere beide Schwunggedanken, indem ich sage, daß die Hüfte mit dem Knie- und dem Schultermuskel verbunden ist. Und ich darauf verweise, daß der Schwung eine Kettenreaktion ist.

Eine Tageszeitung veröffentlichte vor Jahren eine Comic-Serie namens Mac Divot, in der es um Golf-Tips ging.

Eine der Mac Divot-Zeichnungen, 1968 geschrieben und gezeichnet, beeindruckte mich so, daß ich sie ausschnitt und in mein Notizheft klebte.
In dieser Zeichnung sagt Mac Divot: »Beginnen Sie den Schwung ganz einfach, indem Sie Ihre Hüfte ein wenig hin- und herdrehen. Ihre Muskeln werden sich dann sofort an die folgenden Bewegungen erinnern. Vertrauen Sie Ihren Muskeln!«
Dies ist der beste Ratschlag, den ich je zu dem Thema gehört habe, wie man den Golfschwung einleiten soll.

## Laß' uns Harvey rufen

Vor einer Meisterschaft spielten Betty Jameson und Mary Lena Faulk eine Übungsrunde. Dabei kam Mary Lenas Ball wenige Meter vor einem flachen, harten Grün zur Ruhe.
Mary Lena griff zum Chip-Schläger – ich vermute, daß es das Eisen 7 war – und spielte einen flachen Annäherungsschlag auf das Grün.
»Du hättest den Wedge nehmen sollen«, meinte daraufhin Betty.
»Nein, der flache Annäherungsschlag war hier die richtige Wahl«, widersprach Mary Lena.
»Ich bleibe dabei, daß es eigentlich ein Pitch-Schlag mit den Wedge gewesen wäre«, insistierte Betty.
Sie diskutierten einige Minuten lang. Dann sagte Mary Lena.
»Ich weiß, was wir machen. Wir rufen nachher Harvey an.«
Ich sollte hier wohl erwähnen, daß Betty Jameson eine der vier ersten Frauen war, die mit der Aufnahme in die Ruhmeshalle der amerikanischen Berufsspielerinnen-Vereinigung ausgezeichnet wurde. Sie gewann die US Women's Open ebenso wie zwei nationale Amateur-Meisterschaften. Auch Mary Lena Faulk gewann einen nationalen Amateurtitel und mehrere Proetten-Meisterschaften, ehe sie eine anerkannte Golflehrerin wurde.

Beide waren meine Schülerinnen. Und ich kannte beide als kluge, versierte und willensstarke Persönlichkeiten.
Am Telefon beschrieben sie mir die Situation.
»Ist es nun ein Chip-and-Run, oder ist es ein Wedge-Schlag?« wollten sie am Ende von mir wissen.
Bei der Antwort gab es folgende Faktoren zu beachten: Mary Lena hatte Rückenwind. Sie hatte eine schlechte Lage. Und das Grün fiel von vorne nach hinten ab.
»Ohne die Situation gesehen zu haben, muß ich Mary Lena recht geben. Es war ein Chip-and-Run-Schlag«, entschied ich. Hätte sie Gegenwind gehabt, wäre ihr Ball besser gelegen und hätte es sich beim Grün um ein weiches oder nasses, nach vorn geneigtes gehandelt, dann hätte der Schlag aber nach dem Wedge verlangt.
Ich sagte: »Wenn man sich für einen Schläger entscheiden muß, dann muß man auch die persönlichen Fähigkeiten in Betracht ziehen. Es geht nicht darum, den Schlag zu machen, der in den Golfbüchern angepriesen wird. Wenn Mary Lena das beste Gefühl für den Chip-and-Run-, also dem flachen Annäherungsschlag, hatte, dann war dies der beste Schlag, den sie in der Situation nur ausführen konnte. Wäre es Bettys Schlag gewesen, die sich mit dem Wedge in der Hand wohler gefühlt hätte, dann wäre auch nichts gegen den Schlag mit dem Wedge einzuwenden gewesen.«
»Ihr hattet also beide recht. Aber im speziellen Fall lag Mary Lena halt etwas richtiger.«
»Du wärst sicher ein guter Diplomat«, sagten die Beiden.
Worauf ich sagte: »Nein, ich bin nur glücklich, so nette Freunde zu haben.«

## Sei Du selbst

Kathy Whitworth befand sich in solch einem Formtief, daß sie ein paar Tage Urlaub von der Tour nahm und zu mir nach Austin kam.

Ich trainierte sie, seit sie als Teenager durch Hardy Loudermilk von New Mexiko aus zu mir geschickt worden war.

Schon nach fünf Minuten auf der Driving-Range erkannte ich, daß sie, seit ich sie das letztemal gesehen hatte, ihren Schwung sehr verkürzt hatte. So sehr, daß sie fast überhaupt keinen Durchschwung mehr hatte.

Warum hatte eine große Spielerin wie Kathy ihren Schwung verändert? Dies passiert immer wieder, weil selbst die besten Golfspieler anfällig für neue Tips und Ratschläge sind. Die Mehrheit der Golfer ist sehr leichtgläubig und neigt dazu, auf jedermanns Ratschläge zu hören.

Genauso war es Kathy ergangen. Als ihre Krise begann, kamen andere Lehrer und Spieler zu ihr auf die Driving-Range und gaben ihr »Tips«.

Jemand hatte Kathy eingeredet, ihre Probleme rührten daher, daß sie den Schläger bei der Einleitung des Rückschwungs anhebe. Man sagte ihr, sie solle den Schläger mehr wegdrücken. Kathy konzentrierte sich hierauf, wodurch ihr Schwung kürzer und unnatürlicher wurde. Was innerhalb kürzester Zeit schlimme Auswirkungen auf ihr Spiel hatte.

»Ich bin verzweifelt, Harvey«, gestand sie mir. »Ich treffe den Ball so schlecht, daß mich wirklich jeder schlagen kann. Was mache ich nur falsch?«

Ich vermeide es, mit Schülern darüber zu reden, was sie falsch machen. Ich spreche nur darüber, was richtig ist. Ich hätte Kathy ganz einfach sagen können, daß ihr Rückschwung zu kurz sei. Was ihr aber nicht weitergeholfen hätte. Es galt vielmehr herauszufinden, warum ihr Rückschwung so kurz geworden war. Symptome zu bekämpfen, hilft nicht weiter. Die Ursache muß herausgefunden werden, um wirklich etwas ändern zu können.

Aber auch nach drei Tagen, die ich damit verbracht hatte, Kathy beim Bälleschlagen zuzusehen, war ich bei der Suche nach dem Kern des Problems noch immer keinen Schritt weitergekommen.

Entsprechend schmerzlich war es für uns beide, als sie wieder in den Wagen stieg und auf die Tour zurückkehrte.

In jener Nacht lag ich lange wach und dachte über sie nach. Und als ich endlich einschlief, träumte ich von ihr.

Erst, als ich mich am nächsten Morgen rasierte, ging mir plötzlich die Antwort durch den Kopf.

Ich telefonierte ihr hinterher und bat um Rückruf.

Als ich dann ihre ängstliche Stimme in der Leitung hatte, sagte ich: »Kathy, Du kamst zu mir als junges Mädchen, das zu Beginn des Rückschwungs die Handgelenke ganz natürlich abwinkelte. Genau das machst Du derzeit nicht. Du bist nicht mehr Du selbst. Beginne Deinen Schwung wieder genauso, wie Du das früher gemacht hast.«

»Sie haben mir noch nie etwas über das natürliche oder frühe Abwinkeln meiner Handgelenke erzählt«, sagte sie.

Ich hatte auch nie ihre Fußarbeit oder ihre Schulterdrehung erwähnt. Weil das nie nötig gewesen war. Sie hatte diese Bewegungen seit jeher ganz natürlich ausgeführt.

»Vergiß alles, was Dir die anderen so sagen. Und spiel' einfach so, wie Du es immer getan hast«, riet ich ihr. »Du bist Kathy Whitworth. Also spiel so Golf, wie Kathy Whitworth Golf spielt.«

Kathy gewann drei der vier nächsten Tour-Turniere. Nur, weil sie zu sich selbst zurückgefunden hatte.

Unsere innere Stimme hat recht – auch wenn sie anderen, sicherlich gutgemeinten, Ratschlägen widerspricht. Wie gut auch immer Sie Golf spielen, bleiben Sie Ihrem Schwung treu. Denn dieser Schwung hat Sie zu ihrem heutigen Spielniveau gebracht.

Sandra Palmer rief mich an, nachdem sie bei einer Meisterschaft eine katastrophale Runde gespielt hatte. Ich wußte bereits, daß sie zuvor auf die Ratschläge anderer gehört hatte.

Wodurch sie die Natürlichkeit ihres Schwunges verloren hatte.
Ich sagte zu Sandra Palmer: »Deine Muskeln sind intelligenter, als Du sie einschätzt. Sie denken für sich selbst, wenn Du sie nur den Schwung ausführen läßt, der Dich zur Ranglisten-Führenden gemacht hat.«
Ein Golfschwung ist weitestgehend eine Frage des Vertrauens.

## Eine gute Ansprechposition

Über viele Jahre hinweg habe ich die richtige Ansprechposition auf ganz natürliche Art und Weise gelehrt.
Stellen Sie sich normal und locker hin. Ganz so, als ob Sie sich gerade auf einen hohen Stuhl setzen wollten. Schauen Sie dann auf den Ball.
Ihre Füße müssen weit genug auseinander stehen, um Ihnen die Gewichtsverlagerung während des Schwungs zu vereinfachen. Normalerweise sollte die Standbreite hierfür der Breite der Schultern entsprechen.
Ich sehe keine andere Möglichkeit, eine gute Ballansprache zu vermitteln. Es gibt wirklich nichts, was es dazu noch zu sagen gäbe.

## Betsys Geld

Betsy Rawls suchte mich erstmals auf, als sie im Alter von 19 Jahren ihr Physik-Studium an der Universität von Texas begann. Sie spielte seit zwei Jahren Golf. Ihr Vater, ein Ingenieur, war die einzige Person, die ihr bislang Stunden gegeben hatte. Die Universität von Texas hatte kein Damen-Team in jenen Tagen, aber Betsy war entschlossen, ihr Spiel zu verbessern. Wofür mich ihr Vater als Lehrer ausgewählt hatte.

Wie ich bereits erwähnte, gab es damals bei uns kein Team, für das sie hätte spielen können. Daher konzentrierte sie sich ganz auf ihr Training, das später zu ihrer Aufnahme in die Hall of Fame führen sollte.

Am ersten Tag schaute ich mir ihren Griff an. Sie hookte den Ball, was ich bei neuen Schülern gern sehe. Ich veränderte ihre Handposition etwas, so daß ihre »V«s fortan zu ihrer rechten Schulter zeigten.

Etwa eine Stunde lang schlug sie Bälle, während ich sie dabei beobachtete und hier und da eine Bemerkung machte.

Am Ende der Stunde fragte sie mich, wieviel sie mir schuldete. »Oh, ich glaube, so ungefähr drei Dollar« antwortete ich. Lächelnd gab sie mir das Geld, ehe wir uns für die kommende Woche wieder verabredeten.

Eine Woche später hatten wir unsere zweite gemeinsame Unterrichtsstunde.

Am Ende der Stunde griff sie zu ihrem Geldbeutel.

»Kostet es wieder drei Dollar?«, fragte sie.

»Nein, laß' Dein Geld stecken. Du hast mich bereits bezahlt«, wehrte ich ab.

Sie sagte: »Aber das war doch letzte Woche.«

»Ich weiß«, antwortete ich. »Aber das war viel Geld. Mit drei Dollar komme ich eine recht lange Weile aus.«

Die nächsten 20 Jahre unterrichtete ich Betsy – und ließ sie nie wieder etwas dafür bezahlen.

Sie meinte, das sei das beste Geschäft ihres Lebens gewesen.

In meinen Auge habe ich das gute Geschäft gemacht. Ich war

es schließlich, der eine talentierte, charmante Schülerin wie Betsy Rawls unterrichten durfte. Ich glaube, daß ich dabei mehr von ihr gelernt habe, als sie von mir.

## Meine Bankett-Rede

Vor über 20 Jahren wurde ich durch die Metropolitan Golf Association zum Golflehrer des Jahres gewählt. Mit der Auszeichnung verbunden war die Einladung zu einem festlichen Gala-Dinner ins New Yorker Hotel Walldorf Astoria.
Ich machte mir insbesondere Gedanken über die Rede, die ich bei diesem Anlaß halten sollte. Ich schrieb sie so oft um, daß sich Helen schon über mich lustig machte.
Auf dem Flug nach New York war auch der Gouverneur von Texas Alan Shivers an Bord, der ein Freund und Schüler von mir war. Helen hatte ihm im Vorfeld erzählt, daß ich, so intensiv, wie ich mich darauf vorbereitet hatte, wohl eine ganz besondere Rede halten würde.
Am Abend war Claude Harmon der erste Redner. Er war ziemlich nervös und redete sehr lange. Danach war Howard Cosell an der Reihe, der sich erst einmal mit persönlichen Worten an all die Ehrengäste wandte, ehe er zum eigentlichen Kern seiner Rede kam.
Als ich in meinem weißen Dinner-Jacket endlich zum Mikrophon gerufen wurde, waren vier Stunden vergangen. Ich blickte in die Menge, und alles, was ich dann sagte, war »Ich bin tief beeindruckt und fühle mich sehr geehrt. Vielen Dank!«
Ein großer Applaus der der Reden überdrüssigen Gäste begleitete mich zurück zu meinem Stuhl. Manchmal ist es für einen Lehrer am besten, einfach nur den Mund zu halten.

## Putt-Ansichten

Wenn es darum ginge, einen siegentscheidenden, schwierigen Putt zu lochen, würde ich ihn am ehesten von Kathy Whitworth ausführen lassen. Eher noch als von Smith, Cotton, Jones oder Crenshaw.

In Kathys Augen ist die Puttbewegung die kleine Version des vollen Schwungs und das Putten ein Teil des Golfspiels.

Manche Spieler hassen das Putten. Es macht sie verrückt, daß ein kurzer Putt ebenso als ein Schlag – und manchmal sogar mehr – zählt wie ein gewaltiger Drive.

Ich kenne viele Golfer, die glücklich wären, wenn beim Golf nur berücksichtigt würde, wieviele Schläge das Fairway oder das Grün trafen beziehungsweise wie nah an der Fahne man seine Grünannäherung plazieren konnte. Und man dadurch dem Putten fortan überhaupt keine Beachtung mehr schenken müßte.

Für Kathy indes ist der Putt die logische Fortsetzung des Spiels, das sie am Abschlag begonnen hat. Solange sie gut schwingt, so weiß sie, wird sie auch gut putten.

Meiner Einschätzung nach übt Kathy das Putten weniger als die anderen großen Spieler. Für sie ist Putten reine Gefühlssache. Solange sie von ihrem Schwung und ihrer inneren Einstellung überzeugt ist, trifft man sie selten auf dem Putting-Grün an.

Dafür puttet Kathy sehr oft zuhause auf dem Teppich. Sie glaubt daran, sich so ihre Puttbewegung am besten erhalten zu können. Entsprechend viele Stunden haben wir beide damit verbracht, im Hause Penick Bälle über den Teppich zu einem Ziel hinzuputten.

Für Kathy ist das Wichtigste beim Putten, ruhig über dem Ball zu bleiben. Wenn sie einen Putt verschiebt, führt sie das entweder darauf zurück, den Kopf bewegt oder ihre Augen nicht fest auf dem Schlägerkopf gerichtet gehabt zu haben.

Auf dem Höhepunkt ihrer Karriere, so hat sie mir erzählt, sah sie jeden Putt vor ihrem geistigen Auge, ehe sie ihn ausführte.

Wodurch ihre Finger sowohl die Entfernung als die Richtung des Putts fühlten und den Ball ganz automatisch dorthin putteten. So war Putten für sie nicht schwieriger, als einen Finger zu bewegen.

Ich habe immer gelehrt, den Putt am Loch ausrollen zu lassen. Die »Never up, never in«-Theorie (»zu kurze Putts können nie ins Loch fallen«) endet in meinen Augen zu oft mit drei Putts. Wenn der erste Putt ein Meter über das Loch hinausläuft, verlangt der Rückputt nach sehr guten Nerven.

Betsy Rawls, ebenfalls eine sehr gute Putterin, machte im Vergleich zu allen Spitzenspielern wahrscheinlich die wenigsten Drei-Putts. Ihre Putt-Philosophie war, den Ball einfach nur zum Loch zu spielen. Nicht nur als diplomierte Physikerin hatte Betsy erkannt, daß viele mit der richtigen Geschwindigkeit zum Loch gespielten Putts auch ins Loch fallen würden.

Das gleiche Putt-Verständnis hat auch Kathy. Sie schlägt den Putt zum Loch und nicht darüber hinweg. Wobei sie davon ausgeht, daß ein bis zur Mitte des Lochs geputteter Ball sanft darin verschwinden wird.

Kathy puttete mit einem Walter Hagen Tomboy, den ihr das Unternehmen Wilson in den frühen sechziger Jahren geschickt hatte. Daß dieser Putter über die Jahre einiges erlebte, zeigen seine Kratzer und Kerben. Außerdem war sein Schaft wieder zusammengeklebt worden, nachdem sie ihn einmal vor lauter Frust auf den Boden geworfen hatte.

Schülern, die ihre Putter regelmäßig austauschen, als ob sie dadurch zu besseren Puttern würden, erzähle ich gern von Kathys altem Tomboy Putter.

Sie gewann mit ihrem Putter auf der amerikanischen Damen-Tour 88 Turniere. Mehr, als irgendein Golfer oder irgendeine Golferin vor ihr.

Auch Mickey Wright vertraute einem alten Putter, den sie mal in der »Second-Hand-Kiste« eines Pro-Shops gefunden hatte. Mit Blei am Schlägerkopf und an der Schlägerblattspitze hatte sie ihn schwerer gemacht – und gewann damit 82 Proetten-Turniere. Mickey Wright spielt übrigens heute noch mit diesem Putter.

Dies beweist mir, daß man seinem Putter in guten wie in schlechten Zeiten treu bleiben sollte. Wenn's mit dem Putten mal nicht so gut läuft, liegt es an Ihrer inneren Einstellung – aber nicht am Putter.

Kathy erzählte mir, daß sie niemals einen Gedanken darauf verschwendet, daß ein Putt sein Ziel nicht finden könnte. In mehr als 20 Jahren auf der Tour hat sie im Vorfeld niemals über die Folgen eines verschobenen Putts nachgedacht. Stattdessen konzentrierte sie sich nur darauf, einen guten Putt zu machen.

## Dünne Luft

Als Lehrer und Spieler habe ich über die Jahre viele Schläge gesehen, die voll in die Bäume flogen und irgendwie auf der anderen Seite wieder zum Vorschein kamen, ohne auch nur ein Blatt berührt zu haben.

In solchen Fällen haben die Golfer meist den Spruch »90 Prozent eines Baumes sind halt Luft« auf Lager.

Meiner Meinung nach sollten all jene, die dieser Theorie zustimmen, niemals Golf um Geld spielen.

Berücksichtigen Sie Ihre spielerischen Fähigkeiten, wenn Sie vor der Frage stehen, einen Ball sicher um den Baum beziehungsweise über den Baum zu spielen.

Berücksichtigen Sie auch, welche Art von Wettkampf Sie gerade spielen. Im Lochspiel kann das Risiko, über den Baum zu gehen, allenfalls den Verlust eines Loches nach sich ziehen. Im Zählspiel hingegen kann ein Schlag in den Baum gleich mehrere Schläge kosten.

Der beste Weg, nicht in Baum-Probleme zu geraten, ist, von ihnen fernzubleiben.

## Behalt's im Auge

Vor vielen Jahren stellten einige erfahrene Pros auf einem am Meer gelegenen Küstenplatz in Schottland fest, daß Golf ein solch einfaches Spiel ist, daß es schon wieder schwierig ist.
Damen, die mit dem Spiel beginnen, werden in der Folge oftmals schnell desillusioniert und hören dann bald wieder damit auf. Ihre Schläge rollen nur, statt zu fliegen. Ihre Bälle landen schwierigkeitenverheißend im tiefen Bunker, während die im Flight dahinter spielenden Herren immer dichter aufrücken. Und nicht nur, daß die Damen keine Zeit zum Üben haben – sie wüßten auch gar nicht, wie zu Üben, so sie die Zeit dazu fänden. Zudem präsentieren sich die meisten Golfplätze als überlaufen und teuer. Und so entscheiden sich die frustrierten Golf-Anfängerinnen über kurz oder lang, das Golfspiel wieder aufzugeben.
Erst, wenn Sie dem Spiel eine Weile treu bleiben und ihm die Aufmerksamkeit schenken, die es erfordert und verdient, werden Sie jene große Freude erfahren, die aus jeder Verbesserung resultiert. Dann werden Sie auch das einmalige Glücksgefühl erleben, das sich für jedermann einstellt, der schon jenen perfekten Schlag vollbracht hat, der jeden Golfer eines Tages erwartet. Ich glaube, daß jeder Golfer, der dieses Glücksgefühl einmal erleben durfte, dem Golfspiel Zeit seines Lebens fest verbunden bleiben wird.
Das ist eines der Wunder dieses Spiels. Nicht nur, daß es Ihr Denken und Streben ein Leben lang in Beschlag nimmt. Es ist auch ein Spiel, dem Sie Ihr ganzes Leben lang nachgehen können. Es gibt heutzutage viele Siebzig- und Achtzigjährige, die bessere Scores ins Clubhaus bringen, als sie Lebensjahre vorweisen können. Und die das Golfspiel heute noch so sehr lieben, wie sie es bereits taten, als sie noch Kinder waren.
Statt das Spiel wieder aufzugeben, sollten Sie den guten Rat eines Pros einholen und ehrlich gegenüber sich selber sein. Interessiert Sie das Spiel wirklich – oder ist es nur der Flair des Unbekannten, der Sie magisch anzieht? Wenn es das Spiel ist,

das Sie so begeistert, dann wird Ihr künftiges Leben geprägt sein von schönen Erlebnissen – und nur selten von frustrierenden Rückschlägen.

Beim Stichwort »Aufgeben« fällt mir ein Erlebnis ein, das sich in den Jahren meines noch jungen Head-Pro-Daseins ereignete. Ich hielt damals den Platzrekord im Austin Country Club, als der noch aus der alten Weide im Norden von Austin bestand, die mit Hilfe von Maultieren gewalzt und von Hand gemäht worden war, und so zur ersten Golfanlage im Westen des Hudson Rivers wurde.

Mein Platzrekord lag bei 60 Schlägen, sprich 10 unter Par. (Bei Platzbesichtigungen erkundigten sich sowohl Babe Didrickson als auch Byron Nelson stets, bei wieviel Schlägen der Platzrekord lag und wer ihn hielt. Wenn der Rekord vom heimischen Pro gehalten wurde, dann verbesserten sie den Rekord prinzipiell nicht. Eine nette Geste voller professioneller Hochachtung.)

Auch Jimmy Demaret wußte, daß ich den Platzrekord in meinem Heimatclub hielt. Was ihn nicht daran hinderte, mit mir immer in den »Syndicate«-Wettstreit, eine Variante des heutigen Skin-Spiels, zu treten, wann immer ihn seine Wege nach Austin führten.

Bei einem dieser Besuche sagte mir Jimmy, daß er sich fortan darauf konzentrierte, seine Ellbogen im Durchschwung weit vor dem Körper zu halten.

Er bat mich, seinen Durchschwung zu beobachten, während wir die 18 Bahnen um »Syndicates« spielten.

Jimmy beendete das Spiel nach 30 und 29 Schlägen, sprich mit einer 59er-Runde.

Er verbesserte meinen Rekord um einen Schlag und zeigte mir gleichzeitig mustergültig den Durchschwung mit den Ellbogen weit vor dem Körper. Genau so, wie ich es gern sehe. Und genau so, wie ich es immer gelehrt hatte.

Es schmerzte mich schon, meinen Platzrekord verloren zu haben. Ich war damals der beste Spieler der Stadt. Und dies war mein Club. Also sollte der Rekord auch mir gehören.

Ich verzweifelte zwar nicht daran – aber ganz bekam ich den verlorenen Platzrekord auch nicht aus dem Kopf.
Einige Tage nach Jimmys 59er-Runde spielte ich die ersten neun Bahnen in 29 Schlägen. Und prompt kam mir eine Vision in den Sinn. Wenn ich nun die zweiten neun Bahnen in 29 oder 28 Schlägen meisterte, so wäre der Platzrekord auf immer und ewig der meine. So gut, wie ich zu jenen Tagen in Form war, war dieses Scorevorhaben durchaus realisierbar.
Wahrscheinlich war es dieses auf die Zukunft ausgerichtete Denken, das mich gehörig durcheinander brachte. Golf wird immer Schlag für Schlag gespielt. Es gilt, den Ball gut zu schlagen, der jetzt vor einem liegt. Die Schläge, die danach folgen werden, sind momentan noch keinen einzigen Gedanken wert.
Während ich noch von einer 28 oder 29 und dem entsprechend glorreichen Platzrekord träumte, fand ich mich gleich zu Beginn der zweiten Halbrunde im Grünbunker eines Par-5-Loches wieder.
Statt dem Bunkerschlag die erforderliche Beachtung zu schenken, gab ich mich weiterhin der Vorfreude auf den Platzrekord hin. Also spielte ich den Ball unüberlegt – und brachte ihn nicht aus dem Bunker.
Erst jetzt kehrten meine Gedanken in die Gegenwart zurück. Und ich wurde böse. So böse, daß ich meinen Ball auch nach dem nächsten Schlag noch im Bunker wiederfand.
Danach verlor ich die Fassung. Ich schlug hart auf den Ball, der daraufhin in einem hohen Bogen in dem hinter dem Grün liegenden Wald verschwand.
Für einen kurzen Moment war ich versucht, das Spiel zu beenden und in den Pro-Shop zurückzukehren.
Aber schließlich hatte ich all meinen Schülern beigebracht, auch in schlechten Momenten dem Spiel treu zu bleiben.
Also ging ich ums Grün herum in den Wald und beschloß, mich zusammenzureißen und das Beste aus der Situation zu machen. Ich fand meinen Ball an einem angewachsenen Ast unter einigen Blättern, was mir keinen Rückschwung erlaub-

te. Eine Lage, die mich nur noch »Mal sehen, was ich hieraus machen kann« denken ließ.
In diesem Zusammenhang sollte ich vielleicht erwähnen, daß ich Anfängern in ähnlichen Spielsituationen rate, den Ball aufzunehmen, sich ein Tripple-Bogey zu notieren und zum nächsten Loch zu gehen. Schon allein, um die nachfolgenden Flights nicht allzu lange aufzuhalten.
Aber in diesem Falle hatte ich mir etwas zu beweisen. Ich wollte zeigen, daß ich mich aus der Situation, in die ich mich selbst gebracht hatte, auch wieder befreien konnte.
Der Versuch, das Beste aus dem Schlag zu machen, endete damit, daß ich meinen Putt zur 13 lochte.
Am Ende der Runde addierte sich mein Score auf eine 70er-Runde.
Eine 70 ist sicherlich immer ein gutes Ergebnis. Aber es ist ein um so bemerkenswerteres Ergebnis, wenn es mit einer 13 zustande kam. Je mehr ich hierüber nachdachte, desto glücklicher machte mich die 70.
Ich glaube zwar, daß ich mich nach einer 58 und der Zurückerorberung des Platzrekords besser gefühlt hätte. Ganz sicher bin ich mir dessen aber nicht.
Golf schenkt viele einmalige, unvergeßliche Erinnerungen. Diese 70er-Runde ist für mich eine davon.

## Ein Aspirin für Sarasota

Eine Schülerin aus Sarasota, Florida, schrieb mir, daß sie durch ihr Holz 3 vor ein Rätsel gestellt sei. Auf mein Anraten hin hatte sie ihren Driver beiseite gestellt und durfte nun feststellen, daß ihr Ball mit dem Holz 3 nicht nur häufiger auf dem Fairway zur Ruhe kam, sondern auch weiter flog. Was ihr Vertrauen in den Schlag immer weiter stärkte. Irgendwann schlug sie das Holz 3 dann regelmäßig weiter, als ihr das zuvor mit dem Driver gelungen war.

Früher teete sie ihren Ball einen Zentimer hoch auf. Inzwischen genügte ihr ein halber Zentimeter, und dennoch traute sie sich immer noch, härter als früher durch den Ball zu schwingen.

»Auch von einem ebenerdig gesteckten Tee kann ich den Ball noch solide treffen«, schrieb mir die Schülerin. »Ich weiß, daß unter dem Ball ein Tee ist, auch wenn ich es gar nicht mehr sehen kann. Und dieses Wissen gibt mir die Sicherheit, ungehemmt und frei durch den Ball zu schwingen.«

»Ich schlage das Holz 3 mit einem leichten Hook vom Tee, was mir noch etwas mehr Distanz bringt, weil der Ball länger ausrollt. Ich bin wirklich begeistert und habe beschlossen, meinen Driver für alle Zeit im Schrank zu lassen.«

Doch nun zu ihrem Problem.

»Warum aber kann ich das Holz 3 nicht vom Fairway schlagen? Wenn ich es vom Gras genausogut treffen könnte, wie ich es tue, wenn ein halber Zentimeter Holz unter ihm steckt, dann wäre keine Par-4-Bahn in meinem Heimatclub mehr zu lange für mich. Und selbst die Par-5-Bahnen könnte ich fortan mit dem zweiten Schlag erreichen.«

»Aber ich kriege es einfach nicht hin. Sobald ich den Ball vom Gras mit dem Holz 3 schlage, ist das Ergebnis zumeist das krasse Gegenteil von dem Schlag vom Tee. Der Ball fliegt mit einem Fade statt des üblichen Hooks. Meistens toppe ich den Ball. Und manchmal muß ich sogar zugeben, echte Slice zu schlagen.«

»Was läuft hier falsch? Wie kann eine winzige, hölzerne Plattform einen so großen Unterschied bewirken?«
Lassen Sie uns zunächst darüber reden, was diese Schülerin richtig macht.
Es ist richtig, sich mit dem Holz 3 anzufreunden. Wenn Sie es regelmäßig vom Tee schlagen, wird Ihnen dies mehr Sicherheit und Vertrauen geben. Ihre Abschläge werden länger, da kraftvoller geschlagen. Den Driver können Sie dennoch behalten, eines Tages wird er Ihnen sicherlich gute Dienste leisten. Zunächst einmal aber ist das Spiel mit dem Holz 3 angesagt.
Und nun zur Frage, warum die Dame aus Sarasota das Holz 3 nicht genausogut vom Gras schlagen kann, wie ihr dies vom Tee gelingt?
Ich vermute, es liegt daran, daß sie den Ball beim Schlag vom Rasen hoch schlagen möchte.
In dem Wissen, daß kein Tee unter dem Ball ist, bekommt sie Zweifel an der alleinigen Wirksamkeit des Schlägerlofts.
Ihr Schwung verkrampft. Ihr Schlägerblatt trifft den Ball in einem geringfügig anderem Winkel. Furcht wird zum Begleiter ihrer Schwungbewegung, weil sie während des Schwungs an etwas denkt, an das kein Golfer jemals denken sollte.
Ich vermeide es, Schülern zu sagen, daß sie auf den Ball herunterschlagen sollen. Es sei denn, dieser Rat ist unumgänglich und der Schüler versteht, daß damit nicht gemeint ist, von oben nach unten zu schwingen.
Für den Schlag mit dem Fairwayholz vom Gras empfehle ich, sich vorzunehmen, den Ball ebenerdig zu schlagen. Damit meine ich, daß am tiefsten Punkt des Schwungs der Schlägerkopf auf gleicher Höhe mit dem Boden ist, während er durch den Ball schwingt.
Machen Sie einen Probeschwung, um zu sehen, wo der tiefste Punkt Ihres Schwungs ist. Und fixieren Sie dann das Gras neben dem Ball, wenn Sie ihn mit Ihrem Schlag wegfegen.
Wenn sich dies als Aspirin und nicht als Heilung herausstellt, so habe ich eine weitere Medizin, mit der Sie es versuchen

könnten. Ich habe diese zweite Medizin bislang nur einem Spieler verabreicht – und bei dem hat sie gewirkt.
Es war auf der Driving-Range während eines großen Herrenturniers der US Tour. Don January hatte offensichtlich Probleme, sein Holz 4 vom Fairway zu schlagen. Sie werden es jetzt vielleicht für unmöglich halten, daß ein großer Spieler wie Don January sein Holz 4 toppen könnte, aber im Golf ist eben alles möglich. Manchmal verlieren selbst die besten Spieler etwas von ihrem Schwunggefühl, ebenso wie jedem Golfer plötzlich etwas außergewöhnlich Gutes widerfahren kann.
»Können Sie sich vorstellen, woran es liegt?«, fragte mich Don.
Ich hatte zwar eine Idee, aber ich wußte noch nicht genau, wie ich es ihm erklären könnte.
Ich wollte, daß er den Ball flacher, ebenerdig schlug. Was bei dem Schwung, den Don in jenen Tagen hatte, voraussetzte, daß er den Ball an einem tieferen Schwungpunkt traf.
Einem Durchschnittsgolfer hätte ich zu einem Probeschwung geraten, um den Ball dann dort zu plazieren, wo der Schläger am tiefsten Punkt seines Schwungs den Boden berührt. Danach hätte der Schüler versuchen müssen, diese tiefste Schwungstelle zu treffen.
Aber Don January ist einer der besten Spieler der Golfgeschichte, der diesen Punkt natürlich problemlos jedesmal getroffen hätte, wenn ich ihn dazu aufgefordert hätte. In meinen Augen war die beste Medizin für ihn, ein klein wenig vor dem Ball den Boden zu treffen, um zum tiefsten Schwungpunkt zu kommen.
»Stell' Dir vor«, sagte ich zu Don, »daß Dein Ball zwei Zentimeter weiter liegt, als er es tatsächlich tut. Und dann schlag ihn«.
»Sie meinen, ich soll den Ball in der Ansprechposition zwei Zentimeter weiter hinten plazieren«, vergewisserte er sich.
»Nein. Deine Ballposition ist gut«, versicherte ich ihm. »Es geht nur darum, daß der Ball in Deinem Schwunggedanken

zwei Zentimeter weiter liegt, als er es tatsächlich tut. Beobachte, was dann passiert.«

Er begann, Holz 4-Schläge zu machen, wie sie besser nicht hätten sein können. Was mich mit großer Freude erfüllte.

Das Aspirin, das ich ihm an jenem Tag verschrieben hatte, nahm er fortan für alle Zeiten ein.

Sie in Sarasota – versuchen Sie das gleiche. Sie können ein Bild in Ihrer Schlagvorstellung verankern, daß Ihnen weiterhilft, weil es Ihr Unterbewußtsein richtig auf den Schlag »programmiert«. Dadurch wird Ihre Muskulatur den Schlag mit dem Holz 3 vom Gras ebensogut ausführen, wie wenn er auf einem Tee läge.

Was auch immer Sie aber tun, es wird zunächst Training voraussetzen.

Wenn Sie aber Ihr Holz 3 gut vom Tee schlagen, gibt es keinen Grund, den Schlag nicht genausogut vom Gras zu können.

Nehmen Sie meine Medizin, gehen Sie dann auf die Driving-Range und üben Sie dort. Es gilt, zu üben, üben und noch einmal zu üben. Schlagen Sie zunächst das Holz 3 vom Tee und das Holz 4 vom Gras. Machen Sie etwas ganz anderes, ehe Sie wieder das Holz 3 vom Tee und das Holz 4 vom Gras schlagen. Mit viel Übung werden Sie Ihr Ziel erreichen!

## Der Damen-Abschlag

Fast jeder Golfplatz hat mindestens zwei Abschlagsflächen für Männer. Einmal die um etwa 15 Meter zurückversetzten Meisterschaftsabschläge, zum anderen die normalen Abschläge für den Durchschnittsspieler. Viele Plätze haben darüber hinaus Abschläge für Senioren und/oder Spieler mit noch sehr hohen Vorgaben.

Von welchem Abschlag ein Mann spielen möchte, bleibt seiner Entscheidung überlassen.

Damen hingegen haben zumeist keine Wahl.

Ob Spitzenspielerin, Spielerin mit einer hohen Vorgabe, Seniorin oder Mädchen – alle Damen werden zumeist auf ein und dieselbe Abschlagsfläche geschickt.

Über einen langen Zeitraum der Golfgeschichte hinweg spielte es keine große Rolle, daß die Damen alle vom gleichen Tee spielen mußten.

Sofern es nicht gerade geregnet hatte, waren die Spielbahnen trocken und hart. Denn bis nach dem zweiten Weltkrieg wurden die Plätze nicht künstlich bewässert. Das Rough war spärlich, und die Grüns so offen angelegt, daß man die Annäherungsschläge hinrollen lassen konnte. In unserem Teil des Landes waren die Spielbahnen zudem größtenteils bunkerlos, und es gab auch noch keine künstlich angelegten Wasserhindernisse.

Unter diesen Voraussetzungen konnte jede Dame, so sie nur den Hauch eines Golf-Talents hatte, ihren Ball vom Abschlag bis zum Loch spielen.

Aber die meisten Plätze, die seither gebaut wurden, werden stark bewässert. Damit wird man den Wünschen der Landschaftsarchitekten gerecht, die gut bewässerte Plätze mit viel Wasserhindernissen wollen, weil sich die Bilder von sattgrünen Spielbahnen neben blauen Teichen so gut in den Werbe-Broschüren machen.

Die künstlichen Beregnungsanlagen zogen auch dichtere Roughflächen nach sich, in denen heute viele Bälle verloren

gehen. Zudem umgeben die Architekten die Grüns mit vielen Bunkern und Gräben, so daß die kurzgeschorenen Flächen nach einem präzisen Anspiel verlangen.
Die Plätze präsentieren sich daher von Spielerin zu Spielerin gänzlich unterschiedlich, solange Damen aller Leistungsstärken und jeglichen Alters von der gleichen Abschlagsfläche spielen müssen.
Im Austin Country Club hat der Architekt Pete Dye pro Loch fünf Abschlagsflächen angelegt – zwei davon für die Damen. Es gibt die goldenen Abschläge für die Champions, die blauen für die Spieler mit guten Vorgaben und die grünen für die Durchschnittsgolfer. Die weißen Abschläge können sowohl von Damen als auch von Herren benutzt werden. Und die roten Abschläge gehören ganz allein den Damen.
Damen sollten auf zwei Abschlagsflächen bestehen. Nicht nur, weil so den Spielerinnen mit hohen Vorgaben das Spiel mehr Spaß machen wird, sondern auch, weil es die Möglichkeit eröffnet, schneller vorwärts zu kommen.

## Erfrischendes

Das beste Getränk während einer Golfrunde ist Wasser – und davon möglichst viel.
Wenn Ihr Golfplatz keine Getränkestation hat, dann sollten Sie sich von zuhause eine mit Wasser gefüllte Kühlflasche mitbringen. An einem heißen Sommertag trocknen Sie sehr schnell aus, selbst, wenn Sie das manchmal gar nicht merken. Nehmen Sie daher an jedem zweiten Loch einige Schlucke Wasser zu sich.
Meiden Sie alle zuckerhaltigen Soft-Drinks. Zucker mag Ihnen zwar zu kurzfristigen Energieschüben verhelfen, die halten jedoch nur kurz an. Und danach fühlen Sie sich weitaus schwächer als vorher.
Das gleiche gilt für Schokoriegel.
Einige Spielerinnen der amerikanischen Damen-Tour wie Pat Bradley, Nancy Lopez und Patty Sheehan nehmen immer ein

paar Äpfel, Bananen, belegte Brote und ein Päckchen getrockneter Früchte mit auf die Runde. Damit halten Sie ihren Blutzuckerspiegel ausreichend hoch. Die modernen Gesundheitsriegel, die aussehen wie Schokoriegel, werden ebenfalls empfohlen. Dazu kann ich allerdings nichts sagen, weil ich sie selbst niemals ausprobiert habe.
Über Jahre war es üblich, die Runde beim Clubhaus zu unterbrechen, um das Mittagessen einzunehmen. Dies mag einige Spieler wieder aufgebaut, andere aber schläfrig gemacht haben. Nichts führt an der Erkenntnis vorbei, daß sich magenfüllende Pausen nicht positiv auf den Score auswirken.

## Der Grundschwung

Lernen Sie einen Schlag, den Sie auch unter Druck ausführen können und bleiben Sie diesem Grundschlag dann treu. Wer einen soliden Grundschlag hat, braucht niemals auf einen Wunderschlag zu hoffen.

## Lernen

Es ist einfacher, etwas Neues zu lernen, als etwas zu korrigieren, was man über einen langen Zeitraum hinweg falsch gemacht hat.
Deswegen ist es so wichtig, Golf unter professioneller Anleitung zu beginnen.
Wenn Sie beispielsweise slicen und von mir wissen möchten, wie sie das abstellen können, dann bringe ich Ihnen unter normalen Umständen bei, wie Sie den Ball hooken können.
Hätten Sie Ihr Spiel von Anbeginn an in die Hände eines Golflehrers gelegt, dann hätten Sie gar nicht erst einen Slice entwickelt. Wer sliced, wird die wahre Freuden des Golfspiels niemals verstehen oder erleben können. Dabei ist der Slice der bei Golf-Anfängern und Gelegenheitsspielern verbreiteste Schlag. Die Angst vor diesem Schlag hat so manchen Anfänger wieder mit dem Golfspiel aufhören lassen.

Statt das aufzugeben, was zu einer lebenslangen Freude werden kann, drehen Sie lieber Ihre beiden Hände, bis Ihre V's zu Ihrer rechten Schulter zeigen. Nun sind Sie mittendrin, den magischen Schlag zu lernen. Bringen Sie im Abschwung Ihren rechten Arm an Ihre rechte Körperseite und verlagern Sie gleichzeitig das Gewicht auf Ihre linke Ferse.
Es ist leichter, einem unbelasteten Anfänger einen leichten Hook zu lehren, als einem eingefleischten Slicer diesen Schlag beizubringen.
Wenn Sie von Anbeginn an korrekt an die schwungtechnischen Grundsätzlichkeiten herangeführt wurden, wird Ihr Spiel schneller Fortschritte machen und Ihnen entsprechend viel mehr Freude bereiten.

## Wieviel ist genug?

In den dreißiger Jahren, während der großen Depression, kostete eine Kino-Eintrittskarte 5 Cents. Außerdem bekam man 6 Hamburger für einen Viertel Dollar.
Eine Golfstunde bei Tommy Armour in Boca Raton, Florida, kostete 50 Dollar.
Tommy verlangte von seinen Lieblingsschülern, wie beispielsweise Betty Jameson, zwar nichts, aber die meisten seiner Schüler mußten für eine Unterrichtsstunde diese 50 Dollar bezahlen.
Ich fragte ihn, wie er die Leute dazu brächte, ihm diesen staatlichen Preis zu bezahlen. »Indem ich es wert bin, Harvey«, war seine Antwort. »Wie sonst wäre es erklärbar, daß die Schüler bei mir Schlange stehen?«
Normalerweise saß Tommy auf einem Stuhl unter einem Schirm und nippte an einem kühlen Drink, während er unterrichtete.
»Du bist wahrscheinlich nach mir der zweitbeste Lehrer des Landes«, sagte Tommy. »Warum verlangst Du da von Deinen Schülern nicht ebensoviel?«

»Weil ich doch für kurze Worte nicht großes Geld nehmen kann«, antwortete ich.
Tommy lachte. Heute würde er wahrscheinlich erst recht lachen, wenn er noch hören könnte, welche Stundenpreise von manchen bekannten Golflehrern in diesem unserem Land verlangt werden.
Ich war nie sehr stark in Wirtschaftswissenschaften. Aber ich weiß, daß Tommys einstiger Stundenlohn unter Berücksichtigung der gestiegenen Lebenshaltungskosten immer noch über dem Preis liegt, den ein Golflehrer heute verlangen kann. Insofern war Tommy seiner Zeit voraus.
Wenn Sie das Spiel ernst nehmen, so brauchen Sie nicht unbedingt einen besonders berühmten und/oder teuren Lehrer. Auf gute Lehrer trifft man auch auf vielen Driving-Range-Anlagen, öffentlichen Plätzen oder auf privaten Golfanlagen. Überall im Land gibt es auch Golfschulen. Der Besuch einer dieser zumeist dreitägigen Golf-Kliniken kann Ihnen bereits all die grundsätzlichen Dinge vermitteln, die Sie benötigen, um eine langanhaltende Beziehung zum Golfspiel aufzubauen.
In diesem Zusammenhang eine Warnung: Es gibt Golfschulen, die lehren einen einzigen Schwung, für den sie dann zumeist noch einen großen Spieler als Erfolgsbeispiel heranziehen. Es gibt jedoch ebenso viele unterschiedliche Möglichkeiten, den Schläger zu schwingen, wie es Schüler mit verschiedenen Talenten, Anlagen und körperlichen Fähigkeiten gibt.
Wenn es Ihnen Schwierigkeiten bereitet, dem zu folgen, was Ihnen Ihr Lehrer lehrt, so liegt der Fehler nicht bei Ihnen.
Finden Sie einen Golflehrer, der Sie positiv führt und unkompliziert auf Ihren individuellen Charakter eingeht.

## Der 1. Mai

Eines Abends saß ich in meinem Stuhl und machte mir Notizen in einem meiner kleinen Bücher, die ich in Schuhschachteln aufbewahre, als Helen aus der Küche ins Zimmer trat. Sie hatte gerade mit einem Anrufer gesprochen, der eine Stunde bei mir nehmen wollte.

»Da ist ein Mann aus Springfield, Ohio«, sagte sie. »Er sagt, daß er und seine Verlobte sich nun auf den Weg machen, um Dich hier zu treffen. Ich habe sie gewarnt, daß es Dir möglicherweise nicht möglich sein wird, Ihnen eine Stunde zu geben, und daß es ein verdammt weiter Weg ist, um Dich nur anzusehen.«

Am 1. Mai läutete morgens das Telefon. Helen sprach fünf Minuten mit ihnen, legte dann auf und sagte: »Harvey, diese Leute aus Springfield, Ohio, sind so gut wie da. Ich habe ihnen gesagt, daß an diesem Feiertag im Club zuviel los sei, als daß auch nur im Traum daran zu denken wäre, eine Golfstunde zu geben. Aber sie kommen jetzt trotzdem hierher. Es genügt ihnen scheinbar, einen Blick auf Dich zu werfen.«

Helen und ich waren beide überrascht, als die Besucher dann in unserer Tür erschienen. Die Person am Telefon hatte für Helen eher alt geklungen, nun entpuppte sich der Anrufer als ein etwa 20 Jahre junger Mann, dessen Verlobte wohl im gleichen Alter war.

»Wir sind in einem Stück durchgefahren«, erzählte die junge Frau. »Und nachher fahren wir auch wieder am Stück zurück, schließlich müssen wir morgen beide wieder arbeiten.«

Ich fragte die junge Dame nach ihrem Handicap.

»Oh, ich spiele nicht Golf«, antwortete sie. »Ich mache ihm nur Caddie.«

Sie ergriff den Arm des Mannes. Er lächelte.

»Ich möchte, daß Sie mit dem Spiel beginnen«, sagte ich zu ihr. »Nehmen Sie den Schläger, der dort steht.«

Sie nahm den Schläger und legte ihre Hände zu einem sehr starken Griff um den Schaft. Ganz so, wie ich den Griff gern

sehe. Besonders die linke Hand sollte bei Damen stark sein. Schauen Sie sich hierzu doch beispielsweise Nancy Lopez' Griff an.
Danach korrigierte ich den Griff des Mannes, der zu schwach war. Ich zeigte ihnen den geheimnisvollen perfekten Schwung. Und ich riet ihnen, diesen Schwung nach ihrer Rückkehr zuhause immer wieder im Zeitlupentempo zu wiederholen.
So langsam war ich voll in meinem Element. Ich wollte gerade mit dem Putt-Unterricht auf dem Teppich beginnen, als das Wort »Daheim« aber offensichtlich bei der jungen Frau die inneren Alarmglocken läuten ließ.
»Liebling, wir machen uns besser wieder auf den Weg und fahren zurück«, erinnerte sie ihren Begleiter. »Wir müssen heute abend bestimmt mit einem fürchterlichen Verkehr rechnen.«
Sie bedankten sich bei mir für den Unterricht und bei Helen dafür, daß sie ihnen den Weg zu unserem Haus verraten hatte. Als sie schon zur Tür eilten, fragte Helen: »Wie weit ist es denn bis Springfield?«
»Oh, wir könnten es in elf Stunden schaffen. Das dürfte kein Problem sein«, antwortete die junge Dame.
Eine 22stündige Autofahrt für eine 30minütige Indoor-Unterrichtsstunde mag Ihnen ziemlich übertrieben vorkommen. Selbst, wenn man berücksichtigt, daß der Autofahrer ein sehr begeisterter Golfer war. Auf dem Rückweg aber waren sie nicht mehr alleine im Auto, denn in Gedanken war ein ehemaliger Caddie mit ihnen. Ein ehemaliger Caddie, der die lange Fahrt hoffentlich gerechtfertigt hat.

## Sie macht das alles

Unter all meinen Schülern weiß Betty Hicks möglicherweise am meisten über den Golfschwung.

Betty wuchs in Süd-Kalifornien auf und spielte viel mit Jackson Bradley. Sie war bereits amerikanische Damenmeisterin, bevor Betsy Rawls ihr empfahl, zu mir zu kommen.

Sie war eine Weltklasse-Golferin, aber sie hatte einen Schwachpunkt in ihrem Schwung. Sie hatte dieses Problem zwar erkannt und mich deswegen auch aufgesucht. Trotzdem taten wir uns schwer, die Schwachstelle auszukurieren.

Ihr linkes Handgelenk »brach« während des Schwungs.

Ich sagte ihr, daß Sie mich am höchsten Punkt ihres Rückschwungs an einen Kuhschwanz erinnere. Statt ihr Handgelenk zur Daumenseite abzuwinkeln und es am höchsten Punkt des Rückschwungs festzuhalten, ließ sie den Schläger förmlich gen Boden fallen.

Was die Angelegenheit noch schwieriger machte, war der schwache Griff ihrer linken Hand. Nachdem wir ihren Griff verstärkt hatten, begann sie Pull-Hooks zu schlagen. Nachdem wir drei Tage auf der Driving-Range verbracht hatten, gingen wir auf den Platz.

An den ersten sechs Bahnen plazierte Betty ihre Drives inmitten der Spielbahn. Den siebten Drive aber schlug sie mit einem Pull-Hook ins Aus. Sie reagierte sehr ungehalten, war richtiggehend außer sich.

»Wie lange ist es her, daß Du Dich so geärgert hast«, fragte ich.

»Das passiert oft«, gestand sie. »Und meistens hält der Ärger über drei bis vier Löcher hinweg an.«

Unvorstellbar, welch gute Spielerin Betty hätte werden können, hätte sie nicht gegen ihr Temperament anzukämpfen gehabt. Aber ihr aufbrausender Charakter war das Ergebnis ihres Drangs nach Perfektion. Alles, was Betty in Angriff nahm, machte sie gut. Sie ist eine Künstlerin und eine Schriftstellerin. Sie lehrt Schüler in der hohen Kunst des Fliegens. Sie ist eine Golflehrerin. Und sie ist eine Golfberaterin.

Betty gab einst auch ein Kochbuch heraus, das sich sehr gut verkaufte und in dem unter anderem Helens Rezept für gefrorenen Fruchtsalat vorgestellt wurde.
Ich wünschte, sie gäbe ein Buch heraus, das auf das Abwinkeln des Handgelenks eingehen würde. Ich wäre der erste Käufer dieses Buches.

## Eine Kur für Mary Ann und alle anderen

Meine Schülerin Mary Ann Morrison, die mehr nationale Damentitel gewonnen hat, als ich an den Fingern meiner beiden Hände abzählen kann, rief mich in Houston an. Sie hatte ein Problem.
»Harvey, ich geh' gerade zum Üben, um endlich das Abwinkeln meines linken Arms im Treffmoment abzustellen. Hast Du einen guten Rat für mich?«
Es ist nichts dagegen zu sagen, ja, bei vielen Golfern ist es sogar hilfreich, daß der linke Arm im Rückschwung abwinkelt. Solange er nur im Treffmoment gestreckt ist.
Eine Spitzenspielerin wie Mary Ann würde nie einen kraftlosen Ball schlagen. Das machte mir meine Antwort einfach.
»Es gibt zwei Möglichkeiten, warum Du Deinen linken Arm im Treffmoment abwinkelst«, erklärte ich ihr. »Entweder stehst Du zu nahe am Ball oder aber Du läßt während des Rückschwungs Deinen Kopf nach vorne fallen.«
Noch am gleichen Abend rief mich Mary Ann noch einmal an.
»Ich stand zu nah am Ball«, sagte sie mir.
Mit manchen Schülern ist das Unterrichten sehr einfach.

## Cactus' Pech

Vor zwei Jahren entschloß sich Peggy Pryor, mit dem Golf zu beginnen, weil sie ihren Mann Cactus, einem meiner Freunde und Schüler, fortan auf die Runde begleiten wollte.

»Ich freue mich, Ihnen helfen zu dürfen«, sagte ich. »Aber ich muß Sie warnen. Sollten Sie Cactus jemals schlagen, wird ihm das bestimmt nicht gefallen.«

Cactus ist eine schillernde Persönlichkeit, der es als Entertainer bei Film und Funk sehr weit gebracht hat. Er ist auch der lustigste Redner und Alleinunterhalter, den ich jemals bei Gala-Abenden erleben durfte.

Sofern der Preis stimmt, wird Ihnen Cactus sicherlich eine seiner besten Nummern vorführen. Dabei erscheint er in verschiedenen Verkleidungen zu Gala-Abenden, wie beispielsweise als brasilianischer Botschafter, der der englischen Sprache kaum mächtig ist. Seine stockend und gestottert vorgetragene Rede bringt die Zuhörer zunächst in Verlegenheit, ehe sie dann irgendwann in lautes Gelächter ausbrechen.

Cactus ist auch ein begnadeter Imitator Prominenter. So mischte er sich einmal bei einem Gala-Dinner als monokeltragender österreichischer Außenminister unter die Zuhörer und fragte mit unverkennbarem Akzent seinen Tischnachbar: »Es wundert mich, daß Sie für diese Rede nicht Cactus Pryor engagiert haben.«

Die Antwort des Mannes »Cactus Pryor ist tot« verwunderte ihn noch mehr.

Cactus liebt das Golfspiel. Er hat den gesunden Egoismus, den viele Vertreter des Showbusiness ihr eigen nennen. Und er ist ein ebenso lustiger wie ehrgeiziger Mitspieler.

Eine Weile gab ich Peggy Stunden, dann unternahmen sie und Cactus einige Golfreisen nach Schottland und Irland, wo sie auf den schönen Plätzen dieser Länder spielten. Sie verbrachten eine schöne Zeit und erfreuten sich beide am Golf.

Nach zwei Jahren kam Cactus eines Tages in den Club und näherte sich mir mit einem finsteren Gesichtsausdruck.

»Jetzt ist es passiert, Harvey«, sagte er, »Sie haben mein Leben zerstört.«
»Wovon in aller Welt sprechen Sie?«, wollte ich wissen.
»Ich spreche davon, daß Peggy mich geschlagen hat. Sie haben ihr Glück gebracht. Sie hat mehrere Male vom Grünrand aus eingechippt und zudem einige lange Putts gelocht. Es war reine Glücksache.«
»Gut, Peggy übt sehr oft ihr kurzes Spiel« entgegnete ich. »Wenn Sie das auch täten, hätten Sie genauso viel Glück.«
Daraufhin begann Cactus zu lachen. Er war nicht wirklich ärgerlich. Vielmehr war er stolz auf Peggy und glücklich, daß seine Frau in den echten sportlichen Wettstreit mit ihm getreten war. Es passiert nicht oft, daß Eheleute gleich gute Golfer sind.

## Das linke Handgelenk

Wahrscheinlich ist der häufigste Fehler von Spielern mit hohen Vorgaben, das linke Handgelenk dorsal, also zur Handrückenseite, abzuwinkeln. Es handelt sich dabei um einen Fehler, der schwer korrigierbar ist.
Bei einem vollen Schwung muß Ihr linker Arm, zumindest aber Ihr linker Unterarm durch den ganzen Bewegungsablauf hindurch drehen. Spieler mit hohen Vorgaben indes löffeln nur gegen den Ball, weil sie ihr linkes Handgelenk zur Handrückenseite abwinkeln.
Es gilt, die Hände entweder vor oder zumindest auf gleicher Höhe mit dem Schlägerkopf zu halten, bis der Ball weggeschlagen ist.
Der erste Lehrer, der einen einfachen Weg findet, das Abwinkeln des linken Handgelenks abzustellen, wird ein reicher Mann werden, dessen Schüler sich in eine von hier nach Hongkong reichenden Warteschleife einreihen werden.

## Dein Freund, der Loft

Eine meiner Schülerinnen sagte mir während einer Unterrichtsstunde, daß sie ihr Eisen 2 verloren hätte. Sie erinnerte sich noch daran, es während einer Runde auf einem nahegelegenen öffentlichen Platz benutzt zu haben. Auch konnte sie sich nicht vorstellen, es nach dem Schlag nicht zurück in den Bag gesteckt zu haben. Tatsache aber war, daß das Eisen 2 verschwunden war.

»Betrachten Sie es positiv«, riet ich ihr. »Wenn Sie einen Schläger verlieren, dann war es wohl einer, den Sie nicht brauchen.«

Heutzutage ist der Schlag mit dem Eisen 2 und seinem nunmehr üblichen Loft gleichzusetzen mit dem Versuch, in alten Tagen ein Eisen 1 zu schlagen.

Diese Schülerin hatte nicht die Erfahrung, ein Eisen 2 zu schlagen. Übrigens ebensowenig wie das Eisen 3 oder 4.

Sie ist eine Gelegenheitsspielerin, die einmal in der Woche auf den Platz kommt und Vorgabe 23 spielt. Auf diesem Spielniveau erweisen sich lange Eisen als zu schwierig.

Ich empfahl ihr, zusätzlich zu ihren Hölzern 1, 3 und 5 noch die Hölzer 7 und 9 mit auf die Runden zu nehmen. Das Eisen 2 sollte sie dort belassen, wohin auch immer es verschwunden war. Zudem sollte sie sich von ihren Eisen 3 und 4 trennen.

Warum? Weil Hölzer mit ihrem hohen Loft leichter als lange Eisen zu schlagen sind.

Ich riet ihr, das Holz 5 als Eisen 2 anzusehen und fortan gedanklich das Eisen 3 durch das Holz 7 und das Eisen 4 durch das Holz 9 zu ersetzen.

Bei den modernen Damen-Schlägern hat der Driver einen Neigungswinkel von 13 Grad, ein Holz 3 von 17 Grad, ein Holz 5 von 21 Grad, ein Holz 7 von 25 Grad und ein Holz 9 von 29 Grad.

Dadurch ist ein Holz 7 in etwa mit dem Eisen 5 gleichzusetzen. Aber das Holz 7 wird den Ball mit weniger Aufwand höher und weiter fliegen lassen.

Schwingen Sie mit Ihren Fairwayhölzern ruhig und gleichmäßig. Der Schläger und sein Loft wird Ihren Ball dank des längeren Schafts und der größeren Schlägerkopfmasse hoch in der Luft fliegen lassen. Sogar bei einem langsameren Schwung. Der Loft ist Ihr Freund. Vertrauen Sie ihm. Und bedienen Sie sich seiner.

## Schlag zu!

Wenn Sie Probleme haben, sich voll zu konzentrieren oder den Ball unsauber treffen, versuchen Sie folgendes:
Stellen Sie sich vor, daß sich über dem Ball vor Ihren Füßen eine Schlange windet. Wenn es sich dabei um eine giftige Schlange handelt, werden Sie bestimmt zuschlagen, und zwar kräftig.

## Rasche Heilung

Während eines Golflehrerseminars in St. Louis riefen mich einige Pros, die gerade eine Dame beobachteten, die mit dem Eisen Bälle schlug.
»Das ist eine Schülerin für Dich, Harvey«, sagte einer. »Überleg' Dir, was Du ihr sagen kannst.«
Die arme Dame schien zu Tode erschrocken.
»Schlagen Sie noch einen Ball für Harvey«, forderte der Golflehrer sie auf.
Ihr Rückschwung wirkte, als würde sie eine Fahne schwenken.
Ich stellte fest, daß sie den Ball gut traf. Es war nur so, daß ihr eigenartiger Rückschwung die anderen zum Lachen brachte. Ihr Rückschwung ließ mich daran denken, wie sie mit dem Eisen 7 ein Orchester dirigierte.
»Laßt uns für einen Moment alleine«, sagte ich zu den Pros.
Als wir alleine waren, fragte ich die Dame: »Wollen Sie Ihren Rückschwung wirklich ändern?«

»Ich würde alles dafür geben. Ich weiß, daß ich deswegen schon Gesprächsthema bin. Und ich fühle mich entsprechend doof«, antwortete sie.

»Dann lassen Sie mich einen Vorschlag machen«, entgegnete ich.

Zehn Minuten später rief ich die anderen Pros wieder zurück. Ihr Rückschwung war nun langsam, gleichmäßig und rhythmisch. So schön, wie ein Rückschwung nur sein kann.

»Was hast Du mit Ihr getan?«, fragte ein Pro.

»Nichts«, sagte ich.

»Was hat er gemacht?«, wurde daraufhin die Dame gefragt.

»Er hat mir nur gesagt, daß ich mir vorstellen soll, mit einem Eimer Wasser zu schwingen«, erzählte sie. »Und hätte ich den Eimer Wasser so geschwungen, wie vorher den Schläger, dann wäre ich wohl patschnaß geworden.«

## Schwunggewichte

Mit Ausnahme von extrem schweren oder besonders leichten Schlägern hängt das richtige Schwunggewicht für den Durchschnittsgolfer davon ab, wie er sich fühlt, wenn er morgens aufsteht. Fühlt sich Ihr Schläger an einem Tag schwer an, so greifen Sie ihn zwei Zentimeter kürzer. Dies vermindert das Schwunggewicht.

## Earl und die Kamera

Mickey Wright erzählte mir, daß ihre erstaunliche Erfolgsserie von 13 Siegen bei 32 Tour-Events begann, nachdem Earl Stewart, ein guter Spieler und Lehrer des Oak Cliff Country Clubs in Dallas, ihr 1963 einen Schwunggedanken in den Kopf gesetzt hatte.

Earl hatte ihr gesagt: »Deine Vorstellungskraft ist eine Kamera. Mach' ein scharfes Bild des Schlages, den Du auszuführen beabsichtigst. Wenn Du ein schlechtes, unscharfes Bild hast, wirst Du einen unsauberen Schlag machen. Hast Du hingegen ein klares, scharfes Bild im Kopf, dann wird es auch ein sauberer Schlag werden.«

## Überspring' die Details

Wie oft ist Ihnen das schon passiert? Sie haben Ihren Ball schön und mit der exakt richtigen Höhe aufgeteet. Sie haben die Ansprechposition eingenommen, schlenkern ein-, zweimal mit dem Schläger, blicken noch einmal zum Ziel und machen dann Ihren Schwung. Und das Ergebnis ist eine Katastrophe. Ein scheußlicher Slice, ein riesiger Hook oder auch ein getoppter Schlag.

Während der gleichen Runde finden Sie Ihren Ball zwischen zwei Steinen neben einem Baum, wobei sich Ihnen nur eine schmale Öffnung zum Grün oder zur Spielbahn bietet.

Aus dieser Situation heraus machen Sie dann einen Schlag, auf den jeder Tour-Pro stolz wäre.

»Das war ein Wunder« analysieren Ihre Mitspieler dann wahrscheinlich diesen Schlag.

Dabei war es die einfachste Sache der Welt.

Beim Abschlag waren Ihre Gedanken ganz beim Rückschwung, bei den Handgelenken, beim Griff, bei der Gewichtsverlagerung und bei wer weiß noch was.

Bei dem Ball zwischen den Steinen und neben dem Baum hingegen dachten Sie nur daran, wie Sie den Ball schlagen könnten. Ihnen war klar, daß Sie in Probleme kämen oder gar den Schläger zerbrechen könnten, wenn Sie den Schlag nicht sauber ausführen würden.

Also setzten Sie in Ihrem Vorstellungsvermögen alle Einzelteile des Schwungs zu einem Ganzen zusammen. Und Sie nahmen sich nur vor, den Ball zu treffen. Ihre ganze Konzentration war auf dieses eine Ziel ausgerichtet.

Ganz so, als würden Sie sich darauf konzentrieren, mit dem Hammer einen Nagel in die Wand zu schlagen.

Versuchen Sie das gleiche auch ab und an vom Tee. Teen Sie Ihren Ball auf, setzen Sie sich für ihn ein korrektes Ziel und schwingen Sie dann sauber. Schlagen Sie den Ball, ohne auch nur einen Gedanken an die Schwungdetails zu verschwenden. Wie sagte doch Stewart Maiden zu seinen Schülern? »Keine Angst, irgendwo wird Ihr Ball auf jeden Fall wieder herunterkommen.«

## Ruthe, die Meisterin

Vor vielen Jahren erzählte meine Bekannte Ruthe Hawkins ihrem Mann, daß sie gern mit dem Golfspiel beginnen würde. Sie lebten in der Stadt Gonzales, etwa 60 Meilen von Austin entfernt. In Gonzales unterrichtete zu jenen Tagen der berühmte texanische Golflehrer Lefty Stackhouse, der für sein Temperament und seine Launen bekannt war. Man erzählte sich, daß er sich nach einem mißglückten Schlag den Schläger gegen den Kopf schlug, so daß er ohnmächtig zusammenbrach. Oder daß er mit voller Geschwindigkeit mit dem Kopf gegen einen Baum rannte.

Lefty war aber auch ein guter Lehrer. Daher erklärte sich Ruthes Mann bereit, ihr zehn Golfstunden bei Lefty Stackhouse zu bezahlen. »Wenn Du nach diesen zehn Stunden auf neun Löchern die 50 brechen kannst, werde ich Dir alle weiteren Stunden bezahlen«, bot er einen Deal an.

Ruthe brach die 50. Und als sie weitere Stunden vereinbaren wollte, schickte sie Lefty mit den Worten »Harvey Penick in Austin wird Ihnen all die Feinheiten, die Sie noch wissen müssen, beibringen« zu mir.

Ruthe kam zum Austin Country Club. Und nachdem ich ihr beim Bälleschlagen zugesehen hatte, sagte ich zu ihr: »Wenn Sie ein Jahr lang regelmäßig Stunden nehmen und nebenbei fleißig üben, werden Sie am Ende des Jahres die 70 brechen«.

Ein Jahr lang nahm sie regelmäßig den 120 Meilen weiten Hin- und Rückweg von Gonzales nach Austin in Kauf. Und am Ende des Jahres spielte sie eine 69er-Runde.

Kurz danach zog sie ganz nach Austin und wurde Mitglied in unserem Club, wo sie in der Folge die Clubmeisterschaft zehnmal gewann. Fünf Jahrzehnte lang gewann sie pro Dekade mindestens einen Titel – eine bemerkenswerte Leistung.
Als Ruthe zum erstenmal zu mir kam, hatte ihr Lefty beigebracht, einen Ball zu schlagen, der ungefähr um 15 Meter links von der Ziellinie abwich. Ich änderte ihren Griff, um diesen Hook zu schwächen, und bald hookten ihre Bälle nur noch um die Hälfte.
»Dies ist Ihr Schlag. Lernen Sie, damit zu spielen«, sagte ich.
Ruthe konnte mit dem Hook sehr gut leben. Aber sie war unzufrieden, weil ihre Bälle nicht hoch genug flogen.
»Manche Leute schlagen einen niedrigen Ball. Das ist ein natürlicher Schlag«, erklärte ich ihr.
»Ja, und ich weiß auch, was Sie als nächstes sagen werden. Nämlich: Lerne, damit zu spielen«, entgegnete sie.
Ruthes Scores lagen fast jedes Mal, wenn sie auf den Platz ging, unterhalb der Anzahl ihrer Lebensjahre. Kürzlich bat sie mich, mit ihr aufs Putting-Grün zu gehen. »Mein Putten ist fürchterlich«, erzählte sie.
Ich beobachtete sie eine Weile und stimmte ihr dann zu. »Es stimmt. Es ist schlimm.«
»Was können wir dagegen tun?«, fragte sie.
»Plazieren Sie den Ball um drei Zentimeter weiter nach vorne«, sagte ich.
Sic tat, wie ihr geheißen und lochte drei Putts in Folge. Ich fuhr mit meinem Golf-Wagen davon.
»Wohin fahren Sie?«, rief sie mir nach.
»Sie sind jetzt eine gute Putterin. Sie brauchen mich nicht mehr«, entgegnete ich.
Ruthe war lange Zeit eng mit meiner Frau Helen befreundet. Ihr Mann Hawk und sie zählen zu meinen Lieblingsbekannten. Was Ruthes sportliche Einstellung betrifft, so zähle ich sie zu den besten Schülern, die ich jemals hatte.
Sie sagt, ich hätte ihr beigebracht, Golf mit einem freien Kopf zu spielen.

## Kräftige Frauen

Manchmal versuchen Schülerinnen, einen schlechten Schwung mit ihrer kräftigen Oberweite zu erklären. Aber es gibt erfolgreiche Spitzenspielerinnen mit ähnlichem Körperbau, so daß dies keine Entschuldigung sein kann.
Diesen Spielerinnen empfehle ich, den linken Ellbogen im Rückschwung abzuwinkeln. Machen Sie einen langsamen, vollen Rückschwung, bei dem Sie die linke Ferse anheben. Lassen Sie dann eine ausgewogene Drehung durch die gesamte Schwungbewegung hindurch folgen.
Und bleiben Sie entspannt!

## Der Griff für Damen

Fast jeder Dame, die zu mir kommt, bringe ich zunächst einen stärkeren Griff bei.
Ich lege besonderen Wert darauf, daß die linke Hand stark greift. Das heißt, drei Knöchel müssen beim Herunterblicken sichtbar sein. Stärken Sie Ihren Griff, indem Sie Ihre Hand nach oben nehmen und nicht etwa durch das Drehen Ihres Armes nach innen. Stellen Sie sicher, daß Sie den Arm nicht nach innen drehen. Halten Sie ihn vielmehr ganz entspannt.
Bei der rechten Hand bin ich nicht so unnachgiebig. Mir gefällt es zwar, wenn das »V« der rechten Hand zur rechten Schulter zeigt. Aber es darf auch eine andere Handposition sein, insbesondere wenn es gilt, einen Hook zu kurieren.
Wer mich kennt, weiß, wie pedantisch ich sein kann, wenn es um den Griff geht. Wie ich immer sage: Von einem schlechten Griff können Sie keinen guten Schwung erwarten.
Der Interlocking-Griff empfiehlt sich für viele Damen aufgrund ihrer kleinen Hände. Viele der Spitzenspielerinnen, die größere und kräftigere Hände haben, ziehen aber den Overlapping Griff vor. Manchmal rate ich einer Dame, vom Interlocking zum Overlapping Griff zu wechseln, wenn sich dies positiv auf ihren natürlichen Schwung auswirkt.

Nachdem ich 80 Jahre damit verbracht habe, auf Golfschläger gelegte Damen-Hände zu betrachten, bin ich erst kürzlich zu der Überzeugung gelangt, daß ich anders unterrichten würde, wenn ich noch einmal zu meinen Anfängen zurückkehren könnte.

Ich würde fast all meinen Schülerinnen den sogenannten Zehn-Finger-Griff empfehlen.

Heute glaube ich, daß Damen die meiste Kraft und Schwungkontrolle erhalten, wenn sie ihre acht Finger und zwei Daumen am Schlägergriff anlegen.

Einige meiner Schülerinnen, wie Cindy Figg-Currier oder Alice Ritzman, schlugen längere Bälle, nachdem wir auf den Zehn-Finger-Griff umgestellt hatten. Ich überredete auch Sandra Palmer, es mit dem Zehn-Finger-Griff zu versuchen, um mehr Länge zu erhalten. Sie erklärte sich einverstanden, und es deutete auch alles darauf hin, daß sie es daraufhin zu einem kräftigeren und solideren Impact brachte. Aber Sandra konnte sich mit dem neuen Griff nie so anfreunden, als daß sie ihn auch im Turnier angewandt hätte.

Wenn ich nachts schlaflos im Bett liege und gedanklich vergangene Unterrichtsstunden Revue passieren lasse, wünsche ich mir oft, viel mehr Schülerinnen zum Zehn-Finger-Griff gebracht zu haben. Ich bin heute davon überzeugt, daß dies der beste und natürlichste Griff für Frauen ist.

## Putten wie Mary Lena

Während ihrer herausragenden Karriere als Lehrerin in Broadmoor entwickelte Mary Lena Faulk eine sehr effiziente Methode für den schwierigsten Teilbereich des Golfspiels.

»Ich habe mir immer überlegt, daß man es nicht 'Putten' nennen sollte«, erzählte sie mir. »Warum nennen wir es eigentlich nicht 'Rollen'? Schließlich versuchen wir doch nichts anderes, als den Ball ins Loch zu rollen.«

Mary Lena benutzte Übungsbälle mit Längsstreifen. Sie brachte ihren Schülern bei, den Ball mit den Streifen zum Loch auszurichten. Ein guter Putt lief dann automatisch entlang der Streifen in Richtung des Loches.

»Ich habe da ein Geheimnis entdeckt, das ich mit meinen Schülern teilen möchte«, sagte sie. »Auf dem Putting-Grün will der Ball ins Loch gehen. Er will in der Lochtasse verschwinden.«

»Denken Sie immer daran – der Ball will ins Loch gehen!«

Mary Lena rät dazu, einige Übungsstunden lang nur mit einer Hand zu putten.

»So kann man fühlen, welche die dominante Hand ist und sich zukünftig darauf konzentrieren.«

Wir erinnerten uns eines Pros namens Rod Mundy, der kurze Putts nur mit der rechten, mittellange Putts nur mit der linken und lange Putts mit beiden Händen ausführte. Mit Betsy Rawls als Partnerin gewann er ein Vierball-Turnier.

Versuchen Sie es mit der geistigen Vorstellung, den Ball ins Loch zu rollen. Es könnte genau der Schwunggedanke sein, den Sie suchen und brauchen.

Und vergessen Sie nicht: Alle Bälle wollen ins Loch gehen.

## Eine positive Einstellung

Ich heiße Mary Lenas »Rollen« zwar gut, aber »Putten« ist auch kein schlechtes Wort. Das Putten ist ein Bestandteil des Golfspiels. Wenn Sie mit sich selbst ins Gericht gehen und zu der Überzeugung kommen, daß Sie ein schlechter Putter sind, wird sich dies auch bewahrheiten. Wenn Sie Drei-Putts-Horrorgeschichten Ihre Aufmerksamkeit schenken, werden diese ihre Wirkung auch bei Ihnen nicht verfehlen. Ich für meine Person habe all meinen Schülern, die auf die Tour gehen wollten, stets geraten, Abendessen ausschließlich in Gesellschaft von guten Puttern einzunehmen.

## Benütze, was Dir liegt

Mein Freund Dr. Roger Williams war ein weltweit anerkannter Ernährungswissenschaftler an der Universität von Texas. Ich glaube, Roger war der erste, der herausfand, daß Alkoholismus eher auf eine Unausgewogenheit des Vitaminhaushalts als auf charakterliche Schwächen zurückgeführt werden kann. Aber Rogers Gedankengänge zu Vitaminen und Mineralien mögen einem Menschen helfen, einem anderen hingegen nicht. Mit anderen Worten, es kann sein, daß Sie mehr Vitamin C oder A benötigen, während es jemand anderem an Vitamin D mangelt.

Genauso ist es beim Golf-Unterricht. Nicht jedem Schüler mangelt es an dem gleichen Vitamin.

## Eine Romanze

Als Byron Nelson jung war, arbeitete er in Texarkana für einen reichen Mann namens J.K. Wadley. Der Club von Texarkana galt damals als einer der besten des Staates.
Mister Wadley war selber ein guter Spieler, und es machte ihm Freude, Gönner von jungen, aufstrebenden, künftigen Meistern wie Byron zu sein.
Eines Tages kam eine hübsche junge Dame zu mir. Sie stellte sich als Emily Wadley, Tochter von J.K., vor. Ich nahm an, daß Byron sie zu mir geschickt hätte. Von Betsy Rawls abgesehen, hat mir Byron über die Jahre mehr Schüler geschickt als irgendjemand anderes.
Emily Wadley machte fortan Monat für Monat die weite Reise von Texarkana, um bei mir Stunden zu nehmen. Ich kam schon zu der Überzeugung, daß ich in den Augen dieses schönen Kindes ein wahrer Spitzenlehrer sein müsse, wenn sie mit solch einer treuen Regelmäßigkeit nach Texas kam.
Dann aber lud sie mich eines Tages zur ihrer Hochzeit ein. Und mir wurde klar, was sich abgespielt hatte.
Die Reisen von Texarkana nach Texas hatten Emily dazu verholfen, ihren Freund zu besuchen, der in Austin lebte.
Emily hatte auch Golf gelernt. Aber im Kopf hatte sie die Romanze gehabt.

## Schlag' ein

Nichts verschwindet schneller, als ein guter Gedanken aus dem Kopf eines Golfers.
Einer unserer herausragenden Spieler, Justin Leonard, unter anderem texanischer und amerikanischer Amateur-Meister sowie Gewinner der Einzelwertung bei der NCAA-Meisterschaft, wechselte ins Profi-Lager und gewann in seinen ersten Wochen auf der Tour auch eine Menge Geld.
Dann verlor Justin das Vertrauen in seinen Schwung und verpaßte bei sechs Turnieren in Folge den Cut.

Er kehrte zu seinem langjährigen Lehrer Randy Smith nach Royal Oaks bei Dallas zurück. Fünf Stunden verbrachten sie gemeinsam auf der Driving-Range. Nicht, um seinen Schwung zu verbessern, sondern um ihn wieder an das Spiel heranzuführen, auf das er bauen konnte, bevor er auf Reisen gegangen war, um sich mit anderen Berufsspielern zu messen. So wie seine einstigen positiven Gedanken zurückkehrten, notierte Justin sie sich auf kleinen Notizblättern. Er und sein Lehrer kamen überein, daß es, beginnend mit dem Griff, sieben elementare Dinge gab, die Justin stets im Auge behalten müsse.

Justin schrieb sich diese sieben guten Gedanken auf und legte das Notizblatt in seinen Birdie-Maker, wo er es fortan jederzeit einsehen konnte.

Sie sehen, nicht nur Spieler mit hohen Vorgaben vergessen auf dem Platz die guten Gedanken, die sie zuvor auf der Driving-Range gewonnen haben.

Aber ich bezweifle, daß sich viele die Mühe gemacht haben, sie schriftlich festzuhalten. Wer sie sich niedergeschrieben hat, behält sie stets in Griffweite. Die Notizen werden ihm helfen, sein Vertrauen zu erhalten.

## Allgemeingültiges

Ich fragte Mary Lena Faulk, ob sie sich als langjährige Spitzenspielerin und Golflehrerin zutraute, einen Rat zu geben, der allen Golfern hilft. Unabhängig deren Geschlechts, deren Körperbaus, deren Alters oder deren spielerischen Könnens.

»Ja, natürlich kann ich das«, sagte sie. »Jeder Golfer muß wissen, daß Golf Schlag für Schlag gespielt wird. Das heißt, es ist jeweils nur der nächste Schlag von Bedeutung. Schlagen Sie den Ball, der jetzt vor Ihnen liegt und versuchen Sie, das Beste aus diesem Schlag zu machen. Sie können den übernächsten Schlag nicht ausführen, bevor Sie den nächsten gemacht haben.«

»Wer immer Sie sind, Sie können nicht bei jedem Schlag ein perfektes Ergebnis erzielen. Machen Sie das Beste aus dem, was Sie heute zu tun in der Lage sind. Und spielen Sie Schlag für Schlag. Das ist der Ratschlag, den ich jedem Golfer geben würde.«

## Mickey Wrights Geschichte

Als ich elf Jahre alt war, nahm mich mein Vater in den Abendstunden immer mit auf die Driving-Range. Eimer für Eimer schlug ich dort Bälle mit einem abgeschnittenen Schläger. Schon damals liebte ich das Bälleschlagen. So wie ich es mein ganzes Leben über lieben sollte, den Schläger zu schwingen. Für mich ist das Schwingen die höchste Erfüllung des Golfspiels und eine der schönsten Sachen im Leben. Es war nicht aus Vergnügen, daß ich Golf spielte. Vielmehr betrieb ich das Spiel, um die beste Golferin der Welt zu werden. Vergnügen bereitete es mir hingegen, den Schläger zu schwingen.

Es bereitet mir noch immer Vergnügen. Fast jeden Morgen gehe ich um 7 Uhr hinter mein Haus auf die Spielbahn eines Golfplatzes in Florida, von wo aus ich zwei Stunden lang quer über das 14. und 15. Fairway Bälle schlage. Kurz vor 9 Uhr erreichen dann die ersten Frühaufsteher das 13. Grün. Das ist das Zeichen für mich, meine Bälle wieder einzusammeln und bis zum nächsten Morgen zuhause zu lagern. Danach fühle ich mich für den Rest des Tages erholt und erfrischt. Bälle zu schlagen ist seelische und geistige Entspannung. Es ist fast so, als ob ein Staubsauger durch mein Innerstes wirbelt und die schlechten Eindrücke auslöscht.

Ich wäre wohl weiterhin von der Ästhetik des Golfschwungs gefesselt geblieben und hätte niemals Turniere gewonnen, wäre da nicht Betsy Rawls gewesen, die mir vor Augen führte, daß ich mich zu sehr auf meinen Schwung konzentrierte. Betsy brachte mich dann auch mit ihrem einzigen Lehrer, Harvey Penick vom Austin Country Club, zusammen. In den darauffolgenden vier Jahren war ich oft bei Harvey. Dann zog ich nach Dallas um und kam im Oak Cliff Country Club zu dem wunderbaren Earl Stewart. Earl sah mir nicht oft beim Bälleschlagen zu. Ich bat ihn darum, aber er lehnte ab. »Nein« sagte er in diesen Fällen, »ich treffe Dich lieber in fünf Minuten am ersten Abschlag. Dann spielen wir eine Runde.«

Als ich mich im Alter von elf Jahren in den Golfschwung verliebte, war ich ein schlankes, großes Mädchen, das schon fast seine heutige Körpergröße von 1,75 Metern erreicht hatte. Mein Vater, ein erfolgreicher Rechtsanwalt aus San Diego, hatte im Universitätsteam von Michigan Football gespielt. Er kaufte mir Baseball-Handschuh, -schläger und -ball, als ich vier Jahre alt war und warf mir danach stundenlang in unserem hinteren Garten Bälle zu. Schon damals lernte ich, kräftig zu schwingen und den Ball hart zu schlagen.

Als ich auf der Driving-Range immer besser wurde, bot mir mein Vater Arthur an, mich im La Jolla Country Club mit auf die Runde zu nehmen. Sofern ich zuvor bei Johnny Bellante, dem Pro des Clubs, Stunden genommen hätte.

Johnny schnitt einen Eukalyptus-Zweig zu einer Rute, drückte mir diese in die Hand und sagte: »Schwing' sie, bis sie anfängt zu singen.«

Ich lernte, die Rute in den höchsten Tönen zum Singen zu bringen. Dies war ein wunderbarer Weg, den Schwung zu erlernen. Johnny war übrigens auch der erste Lehrer von Gene Littler, wobei der seine eigene Eukalyptus-Rute besaß.

Johnny lehrte mir auch Gleichgewichtsgefühl und Rhythmus. Nach drei Jahren unter seiner Führung und einem weiteren Jahr mit Fred Sherman im Mission Valley Country Club gewann ich im San Gabriel Country Club die südkalifornische Juniorinnen-Meisterschaft. Womit ich die Aufmerksamkeit des bekannten Lehrers Harry Pressler erweckte.

Er stellte sich mir vor und bot an, mich zu unterrichten. Einige Tage später rief ich ihn an, und Harry fuhr von Los Angeles zu uns nach San Diego, wo wir gemeinsam zu Abend aßen und ich anschließend auf dem Teppichboden meine erste Unterrichtsstunde erhielt.

Wir hatten einen großen Spiegel, und in dem zeigte mir Harry die einzelnen Stationen des Golfschwungs. Dabei überzeugte er mich, daß es einen einzigen richtigen Golfschwung gibt, der für jedermann Gültigkeit hat. Daran glaube ich heute noch, auch wenn diese Aussage im Gegensatz zu den Lehrmethoden von Harvey Penick, Tommy Armour und einigen anderen großen Trainern steht. Earl Stewarts Schwung beispielsweise ähnelte dem meinen überhaupt nicht.

Aber schon als Mädchen hatte ich drei kalifornische Meisterspielerinnen gesehen, die alle Schülerinnen von Harry Pressler waren. Sie hatten alle drei wunderbar ausgeglichene, kräftige, solide Schwünge. Auch ich wollte so schwingen wie diese drei Spielerinnen, die den Schwung von Harry Pressler beigebracht bekommen hatten.

Harry lehrte mich, den Schläger während des gesamten Schwung square zu lassen. Ich meine damit, »square« während der Ballansprache, »square« auf halbem Weg des Rückschwunges, »square« am höchsten Punkt des Schwungs, »square« im Treffmoment und »square« auf halben Weg des Durchschwungs.

Ich sage, daß die Schlagfläche während des gesamten Schwungs rechtwinklig zum Körper stehen muß. In welchem Schwungmoment auch immer Sie Ihren Schwung unterbrechen, wenn Sie dann Ihre Schlagfläche auf dem Boden aufsetzen, muß sie im rechten Winkel zu Ihrer Körperausrichtung stehen.

Dies ist gänzlich konträr zur »Square to square«-Lehrmethode. Beim »Square to square« muß die Schlagfläche square zum Ball ausgerichtet sein. Um das zu erreichen, muß sich die Schlagfläche im Rückschwung schließen und im Abschwung wieder öffnen. Diese Schwung-Methode mag für einige Golfer, darunter auch Spitzenspieler, die richtige sein. Andererseits hat sie auch viele Golfschwünge ruiniert.

Während der nächsten zwei Jahren fuhr mich meine Mutter Kathryn jeden Samstagmorgen die 125 Meilen nach Los Angeles, wo ich von Harry Unterricht bekam. Er lehrte mich die korrekten Teilabschnitte des Bewegungsablaufs und brachte mir bei, Schwunggefühl zu entwickeln. Dies ging soweit, daß ich irgendwann für jede einzelne Schwungphase ein genau definierbares Gefühl für die Gewichtsverteilung und die Stellung der Schlagfläche hatte. Ich hatte eine so detaillierte Kenntnis über meinen Schwung, daß ich erst viel später realisierte, daß ich damals zwar sehr von der Technik vereinnahmt war, aber de facto gar nicht wirklich das Golfspiel erlernte.

Mit 17 Jahren begann ich mein Psychologie-Studium in Stanford und gewann gleichzeitig im Monterey Peninsula Country Club die USGA Juniorinnen-Meisterschaft. Ein Jahr später wurde ich Proette, schloß mich der Tour an und ging mit meinem Gebrauchtwagen auf Golf-Tournee. Gleichzeitig begann ich, meinen Schwung zu verändern, was sich als schrecklicher Fehler herausstellte. Ich experimentierte herum und nahm Stunden bei Les Bolstad an der Universität von Minnesota und bei Stan Kertes in Bryn Mawr in Pennsylvania. Ich wartete vergeblich auf Ergebnisse. So verfiel ich in Selbstmitleid und bedauerte mich selbst, weil meine Fortschritte so lange auf sich warten ließen.

Meine beste Freundin auf der Tour, Betsy Rawls, gewann 1958 die St. Petersburg Open. Natürlich freute ich mich für sie. Gleichzeitig riß dieser Sieg aber meine Wunden wieder auf. Bis Betsy ein Machtwort sprach. »Wie lange willst Du Dir noch selbst leid tun? Niemand anderes als Du macht Deine Schläge im Turnier. Niemand ergreift Deinen Schläger und schwingt für Dich. Du bist für jeden Deiner Schläge selbst verantwortlich. Akzeptiere das endlich.«

In diesem Jahr brachte mich Betsy zu Harvey Penick. Betsy hatte mit dem Golf zwar erst im Alter von 17 Jahren begonnen. Aber allein 1957 gewann sie zehn Turniere und im Laufe ihrer Karriere vier US Open-Titel. Ich durfte also davon ausgehen, daß Harvey wußte, wovon er spricht.

Meine ersten Wochen mit Harvey waren entsetzlich frustrierend.

Ich war zu ihm gegangen, weil ich meinen Schwung verbessern wollte, aber er hatte keine einzige Änderungsempfehlung für mich. Das einzige, was er tat, war mir leise zu verstehen zu geben, wie gut ich war. Er führte mir die guten Seiten meines Schwungs vor Augen, lobte sie und riet mir, mich auf sie zu konzentrieren. Womit er mich in jeder Beziehung stärkte und positiv beeinflußte.
Dennoch drängte ich weiterhin auf kleine Schwung-Veränderungen. Doch Harvey blieb dabei, mir zu sagen, daß mein Schwung wunderbar sei. »Das Wichtigste ist, den Ball gut ins Loch zu bringen. Mit weniger Schlägen, als Deine Mitbewerber dafür benötigen.«
In jenem Jahr erinnerte ich mich bei jedem einzelnen Turnierschlag an die Worte von Betsy und Harvey. »Es liegt alles allein in Deiner Verantwortung. Löse die Aufgabe, so gut Du nur kannst. Suche nicht nach Entschuldigungen. Setze Dir ein Ziel, gehe darauf zu und tu' es. So weit, so gut.«
Ich gewann in diesem Jahr fünf Turniere – darunter die US Open und die Ladies PGA Championship.
Es hatte mich immer gestört, wenn ich zwei perfekte Schläge zum Grün gemacht hatte, um dann nach zwei Putts zum Par zu lochen, während meine Mitspielerin nach drei schlechten Schlägen den Acht-Meter-Putt ebenfalls zum Par lochen konnte. Ich hatte das immer als unfair empfunden.
Earl Stewart lehrte mir dasselbe, was mir schon Harvey beigebracht hatte. Den Ball auf dem Fairway zu halten und mit weniger Schlägen als die anderen Spieler einzulochen.
Ich war immer noch verliebt in den Schwung, aber nun wollte ich auch die Beste sein. Also mußte ich meine Wettkampfstärke steigern und meine Scores verbessern.
Ich versuchte, den Ball genau am tiefsten Punkt meines Schwunges zu treffen. Und ich glaube, sagen zu können, daß ich diesem Ziel näher als die anderen Spitzenspieler kam. Ich schlug den Ball mit jedem Schläger höher als die anderen Spielerinnen, denn ich traf den Ball exakt mit der Neigung der Schlagfläche. Dies gelingt mir, weil meine Schlagfläche squa-

re auf den Ball trifft, also genau so, wie der Schlägerkopf in der Ansprechposition auf dem Boden steht.
Harry Pressler brachte mir alles auf eine sehr bestimmte Art und Weise bei. Dies war das genaue Gegenteil zu der Lehrmethode von Harvey, die sehr individuell gehalten ist. Ich glaube, daß Harveys Schüler so gute Spieler wurden, weil er selbst sehr viel von dem Spiel verstand. Vor allem wußte er, daß der Sieg nur über den Weg führt, den Ball in den wenigsten Schlägen ins Loch zu bekommen. Harveys Schüler haben alle ein bemerkenswert gutes kurzes Spiel. Sie können den Ball bei jedem Schlag genau dorthin plazieren, wo sie ihn haben möchten. Und was auch immer passiert, seine Schüler sind in der Lage, den Ball zu lochen. Erinnern Sie sich in diesem Zusammenhang nur an die Leistung von Tom Kite unter schlimmsten Witterungsbedingungen während der Finalrunde um die US Open in Pebble Beach, die er dann auch gewann.
Es erfordert ein enormes Maß an Reife, um so zu spielen, wie es Harvey von mir erwartete. Als ich zu ihm kam, war ich dafür noch nicht reif genug. Ich war vielmehr eine verzogene Göre, die dachte, daß sie mit einem guten Schwung automatisch auch gute Scores nach Hause spielen würde. Also mußte ich umlernen.
Ich beobachtete Harvey gern, wenn er sprach oder Unterricht gab. Er bediente sich der Sense, riet jedem Schüler, sich bei jedem Schlag ein korrektes Ziel zu setzen und mit dem Schläger das Tee zu streifen. Judy Kimball, Peggy Wilson, Betsy Cullen, Betsy Rawls, Kathy Whitworth und andere gute Spielerinnen waren selten fern. Harvey führte auch gern seine Trickschläge vor. So mußten wir in der Mitte seines Schwungs »Hook«, »Slice«, »hoch« oder »tief« rufen – und Harveys Ball machte dann tatsächlich, was wir uns wünschten.
Absolut außergewöhnlich an Harveys Lehrmethode ist seine gottgegebene Geduld, die die meisten Lehrer nicht haben. Und seine Fähigkeit, einen wirklich guten Griff zu lehren und diesen später auch kompromißlos im Auge zu behalten. Die mei-

sten Pros sprechen davon, daß der Griff der wichtigste Teil des Golfschwungs ist und verwenden dann einige Sekunden, um ihn zu zeigen. Das ist dann aber zumeist auch das letzte, was man zum Thema Griff von ihnen gehört hat.
Nicht so bei Harvey. Ich kenne keinen Schüler von ihm, der einen schlechten Griff hätte. Ich habe ihn auch oft sagen hören, daß ein guter Schwung durch den Griff vorgegeben sei – und ich glaube ihm das.
Das Ereignis, das zum Ende meiner Turnier-Karriere führte, war eine Zyste in meinem linken Handgelenk. Gleichzeitig wurde eine leichte Knochenabsplitterung festgestellt. Danach war ich schlichtweg nicht mehr in der Lage, den Schläger festzuhalten. Sechs Wochen lang packten sie mich in einen Gipsverband, ehe mein Handgelenk so ausgeheilt war, daß ich auf die Turniere zurückkehren konnte. Aber es war unumgänglich, daß ich meinen Griff zumindest ein wenig umstellte.
Ich verstärkte zwar meinen Griff, aber es war mir nicht mehr möglich, den Schläger zu meiner Zufriedenheit zu schwingen. Dann bildete sich eine weitere Zyste in meinem Fuß. Die war so schmerzhaft, daß ich in Tennisschuhen an einem Turnier teilnehmen mußte, nachdem ich mich bereits in den Vorruhestand nach Florida zurückgezogen hatte.
Es war mir klar, daß die Zeit gekommen war, mich vom Turniergolfsport zurückzuziehen. Aber ich wollte nicht auf Wiedersehen sagen, und so zog ich mich zurück, als ich noch auf hohem Turnierniveau spielen konnte. Seither habe ich nur noch sehr selten gespielt.
Vielleicht hätte ich öfter gespielt, wenn ich inmitten von mehreren pensionierten Turnierspielern leben würde. Aber dann wären unsere Spiele sicher bald wieder sehr wettkampfbetont geworden, was den Spaß am Spiel gemindert hätte. Golf auf Spitzenniveau zu spielen ist harte Arbeit. Es ist eine angenehme Arbeit, aber es ist halt kein Spaß.
Gitarre zu spielen ist für mich lustiger, als Golf zu spielen.
Wenn mir das Leben alles gegeben hätte, was ich mir wünschte, dann wäre ich Country-Sängerin geworden.

Aber ich konnte nicht singen. Und ich war auch kein Gitarren-Genie. Ich hätte also niemals davon leben können. Aber aus Spaß tu' ich es noch heute sehr gern.
Und ich beginne fast jeden Tag damit, hinter meinem Haus den Golfschläger zu schwingen und Bälle über den taufrischen Golfplatz zu schlagen. Derzeit arbeite ich an meiner Gewichtsverlagerung. Nur eine korrekte Gewichtsverlagerung führt zu einem zufriedenstellenden Schwung. Mit den Jahren, die ins Land ziehen, wird die Beinarbeit immer schwieriger. Dies muß man berücksichtigen. Es sind solche Überlegungen, die mich heute davon abhalten, mich mit anderen Gedanken auseinandersetzen zu müssen.
Ich glaube, man kann sagen, daß der Kreis sich geschlossen hat. Als ich elf Jahre alt war, galten all meine Gedanken meinem Schwung. Dann ging ich in die Welt hinaus und gewann 82 Turniere, weil ich den Ball in weniger Schlägen als meine Kontrahentinnen ins Loch bekam. Und heute stellt wieder der Golfschwung das zentrale Thema meines Lebens dar.

## Wann sollten Sie Ihrem Ehemann einen Golf-Rat geben?

Wenn er darum bittet.

## Betsy Rawls Geschichte

Mein Vater, der ein recht guter Golfer war, nahm mich im Frühjahr meines letzten Oberschuljahres in Arlington, Texas erstmals mit auf den Golfplatz. Von dem Moment an, als ich das erstemal einen Schläger geschwungen hatte, war ich entschlossen, dieses Spiel zu meistern. Zu jener Zeit hatte ich noch kein besonderes Verlangen danach, Turniere zu gewinnen, aber ich verspürte stets den Ehrgeiz, die Perfektion zu suchen. Und Golf ist ein Spiel, bei dem Perfektion außerhalb des Erreichbaren liegt.

Etwas mehr als ein Jahr später zogen wir nach Austin, wo mein Bruder und ich uns an der Universität von Texas einschrieben. Ich war seit jeher eine große Leseratte, die schon im Alter von 16 Jahren alles von Charles Dickens und Victor Hugo gelesen hatte. Aber mein besonderes Interesse galt der Mathematik und den Naturwissenschaften.

Während ich auf mein Physik-Diplom hin arbeitete, verbrachte ich meine Tage mehr im Labor als auf dem Golfplatz. Ganz anders während der Sommermonate. Da legte ich meine Bücher beiseite, übte hart und spielte so viele Turniere wie nur möglich.

Von meinem ersten Tag in Austin an war Harvey Penick mein Leben lang mein einziger Golflehrer.

Unter Harveys geduldiger Führung gewann ich die Meisterschaft von Austin, zwei texanische Damen-Meisterschaften, das Trans-Mississippi und das Einladungsturnier von Broadmoor. Zudem wurde ich Zweite hinter Babe Zaharias bei der US Open, noch bevor die Tinte meines Diplom-Examens getrocknet war.

Nach meiner letzten Examensarbeit an der Universität von Austin fuhren Betty Dood und ich nach Florida, wo wir die Vierball-Meisterschaft von Hollywood gewannen, indem wir Pat O'Sullivan und Mae Murray im Finale schlugen. Betty und ich stellten ein gutes Team dar, obwohl die Auswahl der Musik, zu der wir über die Landstraßen fuhren, unterschiedlicher nicht hätte sein können. Ich liebte Oper, speziell Wagner, wobei »Tristan und Isolde« mein absolutes Lieblingsstück ist. Betty hingegen strapazierte ihre Nerven, indem sie auf die Gitarre einschlug und Country-Songs sang.

Ich blieb Amateur, bis mir das Unternehmen Wilson nach der »Titelholders« in Augusta, Georgia, einen Vertrag anbot, der mich ins Profi-Lager führte.

Während meiner anschließenden Pro-Karriere gewann ich 55 Turniere, darunter die US Open, zwei Ladies PGA Championships und zwei Western Open-Titel, als diese Meisterschaft noch als »Major« galt.

1975 zog ich mich vom aktiven Wettkampfgeschehen zurück und fungierte über sechs Jahre als Turnierdirektorin der amerikanischen Damen-Tour. Nachdem ich diese Position wieder aufgegeben hatte, nahm ich meine heutige Stellung als Organisatorin der McDonald's LPGA, einer Meisterschaft, die Major-Charakter hat, an. Ich habe daher nicht mehr viel Zeit zum Spielen. Doch wenn es mir gelingt, auf den Platz zu gehen, dann bin ich stets sehr dankbar dafür, daß ich als Teenager so gründlich in die Geheimnisse dieses Spiels eingeweiht wurde, daß ich niemals ganz vergessen werde, wie man es spielt.

Harvey wendet gerade so viel Zeit auf, wie notwendig ist, um seinen Schülern zu helfen. Er hat noch niemals einen Schüler überfordert. Denn er weiß, daß Überforderung den Lernprozeß behindert.

Wenn ich in einem Lehrbuch über angewandte Physiologie blättere, so finde ich Harvey Penicks Lehrmethode auf jeder Seite bestätigt.

Aber die wahre Prüfung, die ein Lehrer Stunde für Stunde bestehen muß, ist am besten zusammengefaßt in dem Kapitel »Grundsätze des motorischen Lernens«. Dort heißt es, daß eine neu erlernte Erfahrung dem Schüler das Gefühl von Zufriedenheit vermitteln soll, wenn er eine Aufgabe gut gelöst hat.

Dies ist eine gute Beschreibung der Gefühle, die ich während eines lebenslangen Unterrichts durch Harvey Penick durchlebt habe. Er war es, der meinen Golfschwung geprägt hat. Sein großes Herz sei gesegnet.

## Genug ist genug

Es genügt, wenn Sie vor einem vollen Schlag einen einzigen Probeschwung machen. Woher auch wollen Sie nach zwei oder gar mehr Probeschwüngen wissen, welcher Schwung jetzt derjenige war, mit dem Sie den Ball schlagen sollten?

## Lern' die Etikette von Barbara

Griff, Stand und Schwung kann man auf der Driving-Range lernen. Und dann kann man sich sein Leben lang daran erfreuen, Bälle zu schlagen.
Aber bevor man Schläge auf dem Golfplatz macht, gibt es etwas anderes, das man lernen muß. Etwas essentiell Wichtiges für Ihr weiteres Golferleben.
Die Rede ist von der Etikette des Golfspiels, die im Unterschied zu den Golfregeln nicht in Paragraphen fixiert ist. Die meisten Spieler kennen auch gar nicht alle Regeln, die aber gottseidank in einem Buch festgehalten sind, so daß man sie im Bedarfsfall nachlesen kann. Dennoch können diese Spieler dem Golfspiel nachgehen.
Ein erfahrenes Mitglied meines Clubs meinte: »Wir legen den Ball aufs Tee und berühren ihn nicht mehr mit der Hand, bis er auf dem Grün zur Ruhe gekommen ist. Und wir lochen jeden Putt ein. Auch kennen wir die Aus-Grenzen. Was müßten wir sonst noch wissen?«
Dies ist eine ziemlich gute Zusammenfassung der Golfregeln. Ich glaube, die beste und einfachste Zusammenfassung der Etikette gelang dem britischen Pro Abe Mitchell, als er sagte, sie beruhe auf den Prinzipien der Gewissenhaftigkeit.
Wenn man die Etikette beachtet und zügig vorwärts spielt, wird man jederzeit ein gerngesehener Mitspieler sein. Ganz egal, wie gut man spielt.
Wie aber lernt man die Etikette?
Ich empfehle, ein Buch zu kaufen. Dabei denke ich an das Buch »Golf-Etikette«, das meine langjährige Freundin und

Schülerin Barbara Puett mit Hilfe von Jim Apfelbaum geschrieben hat.
Barbaras Buch geht auf alle Fragen ein, selbst auf die, an die man vorher vielleicht nie gedacht hat. Wenn man ihren Ratschlägen folgt, wird man schnell auf allen Golfplätzen willkommen sein.
Sie ruft in Erinnerung, daß man still zu stehen hat, während ein Mitspieler schlägt oder sich auf den Schlag konzentriert. Sie zeigt auf, wie man sich auf den eigenen Schlag vorbereitet. Sie zeigt auch, wie man sich zum Golfspielen anzieht und erinnert an die Grundzüge des guten Benehmens. All diese Hinweise werden Sie zu einem beliebten Golfer machen, unabhängig Ihres spielerischen Könnens.
Barbara unterrichtet heute in Austin und hat sich auf die Arbeit mit Anfängern spezialisiert. Ich bin glücklich, festzustellen, daß die Hälfte ihrer Schüler Damen sind.

## Wahrnehmungsvermögen

Ben Hogan sagte, daß sich der Schläger nach einem guten Schlag »sehr winzig« anfühle.
Sein Schläger, so Hogan weiter, fühle sich dann so leicht an, daß er ihn kaum noch wahrnehme. Dabei spielte er mit einem sehr gewichtigen Driver und dem härtesten Schaft, den ich je gesehen habe. Ich bezweifle, daß ich überhaupt in der Lage gewesen wäre, mit Hogans Schläger zu schwingen. Aber als Hogan am Höhepunkt seiner Karriere stand, war dieser Driver für ihn so leicht wie eine Feder.

## Noch ein Grund, das Tee zu streifen

Viele Spieler mit hohen Vorgaben schrecken im Moment des Ballkontaktes auf. Sie verlangsamen ihren Schwung, wirken, als ob sie sich vom Ball zurückziehen würden und richten sich auf. Es hat dann fast den Anschein, als ob sie Angst vor dem Aufeinandertreffen von Schläger und Ball hätten.

Die einfachste Methode, diesen Fehler zu korrigieren, ist das Streifen des Tees.

Machen Sie einen vollen, entspannten Schwung und konzentrieren Sie sich gleichzeitig darauf, das Tee, das unter dem Ball steckt, zu treffen. Unter diesen Voraussetzungen ist es Ihnen nicht möglich, sich aufzurichten.

Ich bekomme viele Briefe von Schülern und Freunden, die wissen möchten, wie sie mit dem »Streif' das Tee«-Schwunggedanken auch nicht aufgeteete Bälle spielen können.

Ich empfehle, beim Üben mit den Eisen das Tee Schritt für Schritt tiefer in den Boden zu stecken, bis es irgendwann ebenerdig abschließt. Allein das Wissen, daß unter ihrem Ball ein Tee ist, wird Ihnen Vertrauen geben. Und wenn Sie genug Vertrauen entwickelt haben, dann können Sie auf dem Platz spielen, ohne überhaupt noch ein Tee zu benötigen.

Tauchen dann wieder Probleme auf, dann kehren Sie zurück auf die Driving-Range und wiederholen Sie die »Streif' das Tee«-Übung. Dies wird Ihren Schwung unter normalen Umständen wieder in die richtige Bahn lenken.

## Folge der Linie

Im letzten Jahr, in dem wir noch auf unserem Platz am Riverside Drive spielten, wurde Pat Gainer Clubmeisterin. Wir zogen dann quer durch die Stadt auf unsere von Pete Dye entworfene Anlage am Ufer des Sees Austin – und Pat wurde in den folgenden Jahren jeweils im Endspiel um die Clubmeisterschaft geschlagen.

Eines Nachmittags hatte ich ein Gespräch mit ihr auf der Driving-Range. »Pat«, sagte ich, »Sie kümmern sich viel zu sehr um Ihre schlechten Schläge. Vergessen Sie sie! Sie brauchen Ihre ganze Kraft für die noch bevorstehenden Schläge. Hören Sie auf, sich mit der Vergangenheit auseinanderzusetzen. Golf ist viel einfacher, wenn Sie einen freien Kopf haben.«

»Okay« antwortete sie. »Ich werde das beherzigen. Aber schauen Sie mir erst einmal beim Putten zu. Irgendwie läuft da alles schief.«

Wir gingen zum Übungsgrün. Ich änderte ihren Griff und Stand, ehe sie begann, ihre Putts zu lochen. Einige Zeit später, noch im gleichen Jahr, stand Pat auf dem 18. Grün vor einem Fünf-Meter-Putt, den sie zu einer Par-72-Runde lochen mußte. Eine 72 ist immer ein guter Score. Aber es war ein ganz besonders guter Score in jenen frühen Jahren, als sich unsere Mitglieder darüber beschwerten, daß der neue Platz zu schwierig sei.

Pat schaute sich dic Puttlinie von hinten an, machte zwei Probeschwünge, um das Gefühl für die Distanz zu bekommen. Und dann lochte sie den Putt.

»Es ist etwas ebenso Eigenartiges wie Wundervolles passiert«, erzählte sie mir später.

»Ich sehe die Linie zum Loch«, fuhr sie fort. »Wenn ich mir den Putt von hinter dem Ball ansehe, dann sehe ich auf dem Grün einen etwa drei Zentimeter breiten, dunklen Strich. Genau auf diesem Strich läuft mein Ball dann ins Loch. Ich sehe diesen Strich ganz besonders gut bei Putts mit Break und an sonnigen Tagen.«

»Woher glauben Sie, daß dieser Strich kommt?«, fragte ich.
»Ich glaube, ich verdanke ihn meinem Vertrauen. Nach unserer Putt-Stunde begann ich, wirklich gut zu putten. Und gleichzeitig tauchte dieser Strich auf dem Grün auf. Je vertrauensvoller ich an den Putt ging, desto sichtbarer wurde der Strich. Es sieht wirklich fast so aus, als ob er dem Ball den Weg ins Loch zeigt.«
Das war vor etwa zehn Jahren. Und bis heute kann Pat diesen Strich sehen. Eines kann ich Ihnen allen raten: Fordern Sie Pat besser nicht zu einem Putt-Wettbewerb heraus.
Seit sie begann, die Puttlinie in Form eines Striches zu sehen, hat Pat auch zwei weitere Clubmeisterschaften für sich entschieden.

## Hilfe von einer Golf-Legende

Joan Whitworth, eine meiner Lieblingsschülerinnen und -freundinnen, fuhr mit ihrem Mann Harry vor einigen Jahren zum Shady Oaks Country Club, um dort am Ehepaar-Turnier teilzunehmen.
Sie wußten, daß Ben Hogan nahezu täglich in Shady Oaks zu Mittag aß und dort auch Bälle schlug. Daher fragte Joan ein Mitglied, welche Chancen bestünden, Hogan zu sehen. Die Antwort war eher ernüchternd. Denn Ben pflegte früh morgens die Par-3-Bahnen zu spielen und anschließend an einer gut abgeschirmten Stelle Bälle zu schlagen. Danach nahm er sein Mittagessen an seinem Stammplatz in dem Grillraum ein, zu dem nur Männer Zutritt hatten. Joans Chancen, Hogan zu sehen, waren daher eher schlecht.
»Aber man kann nie wissen«, tröstete sie das Mitglied. »Denn Bens Tisch steht genau am großen Fenster, so daß er die Spieler beobachten kann. Genau unter seinem Platz liegt der Übungsbunker.«
»Vergangene Woche trainierte eine Dame im Übungsbunker. Sie hatte echte Probleme. Sie war eine Spielerin mit einer ho-

hen Vorgabe und schon total frustriert. Sie schlug und schlug, und bekam den Ball doch nicht aus dem Bunker heraus.«

»Ich weiß nicht, wie lange Hogan sich das angesehen hat«, erzählte das Mitglied weiter. »Aber ihre Probleme scheinen ihm nahegegangen zu sein. Wie hätte ihm auch sein Mittagessen schmecken können, während sich vor seinen Augen ein derartiges Drama abspielte? Oder tat sie ihm einfach nur leid? Wer weiß....«

»Jedenfalls stand Hogan plötzlich auf und ging zu der Dame im Bunker. Er stellte sich seitlich zu ihr und begann, sie zu unterrichten. Innerhalb von fünf Minuten schlug sie ihre Bälle wie ein Profi aus dem Bunker. Daraufhin ging Ben zurück zu seinem Mittagessen. Ich würde alles dafür geben, zu wissen, was er ihr geraten hat. Aber ich fürchte, daß ich das niemals erfahren werde.«

Ich kann mir vorstellen, daß es Ben Freude bereitet hat, der Dame zu helfen und sein Wissen mit ihr zu teilen. Ich kenne Ben und spielte schon mit ihm, lange bevor er zur Golf-Legende wurde. Er konnte ein sehr lieber, charmanter Bursche sein. Und in seinen jungen Jahren war er bei Golf-Kliniken und Demonstrationsturnieren ein hervorragender Botschafter des Golfspiels.

## Körperliche Ertüchtigung

Wer sagt, daß Golf keine körperliche Betätigung sei, der hat sich niemals als Caddie versucht.

Auch sind Leute, die den Grad der körperlichen Betätigung während einer Golfrunde in Frage stellen, wahrscheinlich keine Golfer. Oder Menschen, die körperliche Betätigung nur in einem Marathonlauf erkennen.

Ein voller Golfschwung beansprucht fast jeden Muskel im Körper.

Der Kopf ist verbunden mit dem Halswirbel. Und so geht es weiter bis hinunter zu den Zehenspitzen. Und fast jede dieser

Muskelverbindungen kommt bei einem Golfschwung zum Einsatz.
Unumstritten gibt es Muskeln, die erst entwickelt werden müssen, will man den Ball hart, weit, zielstrebig und mit Überlegenheit schlagen. Aber selbst der schwächste Schwung beansprucht immer noch die Füße, Beine, Hüften, Schultern, Arme und Hände.
18 Löcher lang Golf zu spielen, entspricht der körperlichen Betätigung bei einem schnellen Spaziergang über acht bis neun Kilometer. Trägt beziehungsweise zieht man zudem noch seinen Bag, dann ergibt dies einen zusätzlichen Kalorienverbrauch.
Aber selbst, wenn Sie in einem Golf-Wagen über die Runde fahren, so verbringen Sie immer noch einige Meilen auf Ihren Füßen. Was ich auch als körperliche Betätigung bezeichnen würde.
Wissenschaftler haben festgestellt, daß ein voller Golfschwung, von einem guten Spieler mit dem Driver ausgeführt, etwa vier Pferdestärken an Energie verbraucht.
Der volle Schwung eines guten Spielers mag mühelos und entspannt wirken. Aber schauen Sie sich doch mal das Gesicht des Spielers im Moment des Ballkontakts genau an. Was Sie da sehen, ist alles andere als Entspannung. Sondern eine immense Konzentration, scharf gezeichnete Lippen, knirschende Zähne. Alles, was auf eine maximale Kraftanstrengung hindeutet.
Mit einem Golfschwung, so sagte es mal Jack Burke, wird das Gefühl der kontrollierten Gewalt gesucht.
Dies ist zweifelsohne mit körperlicher Anstrengung verbunden.
Sie kommen nach einer Golfrunde nach Hause und Ihr Partner sagt: »Wovon bist Du eigentlich müde. Du hast doch nur Golf gespielt.« Ich weiß nicht, was Sie darauf antworten sollen. Ich weiß nicht mal, ob Sie überhaupt nach einer Antwort suchen sollen. Irgendwie ist es so, als ob Sie einem Tauben erklären möchten, was Musik ist.

Betsy Rawl verstand schon in ihren frühen Tagen, daß die physische Konstitution ein entscheidender und wichtiger Faktor des Golfspiels ist. Darum schlief sie regelmäßig und achtete auf ihre Ernährung. Und sie war auf den letzten sechs Bahnen eines jeden Turniers unschlagbar.
In meinen Augen ist Golf eine gute Art, sich körperlich zu betätigen. Nicht nur, daß die Muskeln gefordert sind, zudem muß auch der Kopf eingesetzt werden. Eine gute Runde Golf hinterläßt bei jedem Spieler ein Gefühl der Zufriedenheit, in physischer, mentaler und emotionaler Hinsicht.

## Hör' auf das Zischen

Um sich mit der Geschwindigkeit Ihres Schlägers vertrauter zu machen, müssen Sie den Schläger umdrehen und ihn unterhalb des Schlägerkopfes greifen. Schwingen Sie dann kraftvoll und hören Sie auf das zischende Geräusch, das dabei entsteht. Das Zischen entsteht am schnellsten Punkt Ihres Schwungs. Es sollte hörbar sein an der Stelle, an der der Schläger auf den Ball trifft.
Hört man es schon im Abschwung, so schwingt man von oben nach unten. Machen Sie in diesem Fall so viele Probeschwünge, bis Sie das Zischen im richtigen Schwungmoment hören.
Es hört sich vielleicht komisch an, aber wenn Sie kürzer schwingen, dann zischt es an einer anderen Stelle als bei Ihrem längeren Schwung.
Sie sollten sich darauf konzentrieren, die maximale Schwungbeschleunigung an der Stelle zu erreichen, an der Ihr Schläger auf den Ball trifft. Hören Sie auf das Zischen und finden Sie so heraus, wie es um Ihre Beschleunigung steht.
Es gibt keine Regel, daß Probeschwünge auf dem Golfplatz nur mit dem Schlägerkopf nach unten ausgeführt werden dürfen. Drehen Sie also ruhig mal Ihren Schläger um und lassen Sie es einige Male zischen, um das Gefühl für die Schwungkraft zu bekommen.

Aber auch, wenn Sie mit einem verkehrt herum gehaltenen Schläger probeschwingen ... Setzen Sie sich dennoch ein imaginäres Ziel am Boden, durch das Sie schwingen werden. Ein schönes Zischen wird Sie dafür belohnen.

## Divots

Ich sehe eine Menge aus der Tiefe, der Richtung und der Form des Divots, das ein Schüler schlägt.

Am besten ist es, wenn ich gleichzeitig auch den Ball sehen kann. Wenn das Divot beispielsweise quer von rechts nach links geht und der Ball nach rechts fliegt, dann weiß ich, daß der Schüler von außen nach innen schwingt. Wenn der Ball aber beim gleichen Divot nach links fliegt, dann weiß ich, daß die Schlagfläche im Treffmoment geschlossen war.

Sie können die Schlagfläche so weit wie nur möglich schließen und dann schwingen – das Divot wird dennoch immer die Schwungrichtung verraten. Und nicht etwa die Neigung Ihrer Schlagfläche.

Viele Spitzenspieler spielen den Ball mit einem leichten Fade, weil sie glauben, den Fade leichter kontrollieren zu können. Entsprechend verlaufen ihre Divots von rechts nach links. Das gleiche Divot würde für einen Spieler mit hoher Vorgabe Slice oder Pull-Hook bedeuten.

Ich wünsche mir von meinen Schülern dünne, flache und gerade Divots.

## Ganz weit oben

Viele Schülerinnen lassen den Schläger am höchsten Punkt der Ausholbewegung fallen. Womit ich natürlich nicht meine, daß sie den Schläger buchstäblich zu Boden fallen lassen. Vielmehr lockern sie den Griff, wodurch der Schlägerkopf weit über die Horizontale hinaus zurückschwingt.
Was nicht unbedingt schlecht sein muß.
Eine meiner Tour-Schülerinnen, Theo Windsor, läßt ihren Schläger im Rückschwung so weit fallen, daß ihr Schläger sie an der linken Schulter berührt. Wenn sie anschließend zum Ball schwingt, führt sie den Schaft um sich herum, wobei ihr Schläger sie am Ende des Durchschwungs an der rechten Schulter trifft. Auf diese Weise verbraucht sie einige Schlägerschäfte.
Bobby Jones schwang während des Rückschwungs unterhalb der Horizontalen. Er lockerte seinen Griff ein wenig, indem er mit dem Ringfinger und dem kleinen Finger seiner linken Hand etwas los ließ. Wenn er in der Folge wieder fest zugriff, entstand ein zusätzlicher Druck im Treffmoment.
Marlene Bauer schwang ihren Schläger so weit nach hinten, wie dies heute John Daly tut. Und brachte es damit zu einer langen, erfolgreichen Karriere auf der Damen-Tour.
Ich bin zwar gegen diesen außerordentlich langen Rückschwung, aber ich bestreite nicht, daß Golf auch auf diese Weise gespielt werden kann.
Wenn Sie einen langen Rückschwung haben, dann denken Sie wahrscheinlich, das tun zu müssen, was Sie auf keinen Fall tun sollten: Denken Sie nicht, daß Ihnen ein fester Griff mehr Kontrolle verleiht. Je fester Sie den Schläger halten, desto größer ist die Gefahr, einen Fehlschlag auszuführen.

## Möchten Sie's gerade oder weit?

Scheinbar wollen alle Schüler den Ball sowohl gerade als auch weit schlagen. In meinen Augen gelingt dies am besten, wenn man sich zunächst auf die Länge konzentriert, ehe man sich später daran macht, die Präzision zu verbessern.
In meinen Augen ist Präzision wichtig und ich versuche auch, den Ball auf der Spielbahn zu halten. Ich erinnere mich aber auch an die Worte meines Bruders Tom, einem Golflehrer und Longhitter, der da sagte: »Ich schlage lieber auch mal ein Wedge aus dem Rough, als daß ich immer, wie meine Mitspieler, mit dem Eisen 5 vom Fairway aufs Grün schlage.«
Ich bringe meinen Schülern bei, den Ball in erster Linie solide und hart zu schlagen. Um die Präzision kümmern wir uns, wenn der Schüler den Ball so weit schlägt, daß die Frage der Schlagausrichtung überhaupt erst von Bedeutung wird.

## Ausrichtung

Um sich für den Schlag auszurichten, empfehle ich, daß Sie sich einige Schritte hinter den Ball stellen und sich dann im Geiste die Linie vorstellen, die der Ball zu dem von Ihnen auserkorenen Ziel zurücklegen soll. Richten Sie beim Abschlag Ihren Stand genau auf einen bestimmten Punkt vor dem Ball am Boden aus – das ist besser, als sich nur die eine oder andere Fairwayseite als Ziel zu setzen. Bei der Grünannäherung gilt es, genau auf eine Stelle zu zielen, an der der Ball aufkommen soll – das ist besser, als sich das ganze Grün als Ziel zu setzen.
Nähern Sie sich Ihrem Ball von hinten, sprich, von der Verlängerung der Ziellinie, und drehen Sie sich dann, um den Ball anzusprechen. Stellen Sie sich parallel zur Ziellinie, wobei Sie Ihre Füße zunächst beieinander halten. Achten Sie darauf, Ihr Schlägerblatt weder zu öffnen noch zu schließen.
Machen Sie nun mit dem vorderen, sprich linken Fuß einen kleinen Schritt zur einen und mit dem hinteren, rechten Fuß

einen größeren Schritt zur anderen Seite. Dadurch plazieren Sie Ihren Ball etwas links von der Mitte Ihres Standes.
Werfen Sie einen Blick auf das Ziel und schlagen Sie dann den Ball relativ rasch. Denn jetzt haben Sie noch eine klare geistige Vorstellung von dem auszuführenden Schlag.
Fast jeder gute Spieler bereitet sich auf diese Weise auf seinen Schlag vor.
Wenn Sie auf der Driving-Range Ihre Ausrichtung überprüfen möchten, dann legen Sie einen Schläger quer über Ihre Oberschenkel. Die Richtung, in die der Schläger zeigt, entspricht Ihrer Ausrichtung. Diese Ausrichtungsüberprüfung bewährt sich auch auf dem Platz. Allerdings sieht sie dort amateurhaft aus.
Manchmal, wenn ein Schüler fragt, wohin er zielt, dann antworte ich: »Schlagen Sie mir einen soliden Ball und wir werden es sehen.«

## Beobachte Deine Schritte

Wie oft haben Sie das schon gesehen? Ein Mitspieler schreitet die Entfernung von der 150-Meter-Marke bis zu seinem Ball ab. Er benötigt achtzehn Schritte, und kommt zu dem Ergebnis, daß er 132 Meter von der Mitte des Grüns entfernt liegt.
Er zieht den Schläger heraus, den er für 132 Meter benötigt, macht einen ordentlichen Schlag – und der Schlag endet im Bunker.
Es geschieht oft, daß Durchschnittsgolfer ihre besten Schläge machen, wenn sie ausprobieren, wie weit sie einen Schläger schlagen können. Folglich genügt später ein »nur« ordentlicher Schlag nicht, um das Grün über den Bunker hinweg zu erreichen.
Normalerweise nehmen Durchschnittsgolfer einen zu kurzen Schläger, selbst wenn es gilt, über einen Teich, Bunker oder Hindernis zu schlagen. Würden sie einen längeren Schläger benützen, hätten sie weniger Veranlassung, mich so oft aufzusuchen.

Aber vielleicht war das ja auch gar nicht das, was Ihrem Mitspieler passierte.
Vielleicht waren seine 18 Schritte jeweils nur 85 Zentimeter lang. Was bedeutet, daß der Ball nicht 132 Meter vom Grün entfernt war, sondern 135 Meter. Diese drei Meter, zusätzlich der Tatsache, daß der Spieler seinen Ball nicht sehr gut, sondern nur durchschnittlich traf, können der entscheidende Faktor gewesen sein, daß der Ball in den Bunker fiel.
Lernen Sie daher die genaue Länge Ihrer Schritte kennen. Und lernen Sie auch, wie groß genau ein Ein-Meter-Schritt sein muß. Tatsächliches Vertrauen in die zurückzulegende Distanz läßt Sie den Schlag auch weitaus entspannter in Angriff nehmen, als wenn Sie sich nur eine ungefähre Idee von der Distanz machen können.

## Vertrauen

Im Dunkeln zu pfeifen ist keine Lösung. Es mag Ihren Mitspieler stören, wenn Sie große Reden schwingen – aber es hilft Ihnen nicht, Vertrauen in Ihr eigenes Spiel aufzubauen.
Vertrauen entwickeln Sie, wenn Sie viele gute Bälle geschlagen haben, von denen Sie auch wissen, daß Sie sie wiederholen können. Vertrauen ins Putten kann man nur gewinnen, wenn man viele gute Putts ausgeführt hat. Ja, das bedeutet Üben.
Der Glaube sitzt in Ihrem Herzen. Vertrauen indes kommt sowohl aus dem Herzen als aus dem Kopf. Im Golf wird echtes Vertrauen immer über den blinden Glauben siegen.

## Ein Rat von Jo-Anne

Sandra Palmer erzählte mir, daß sie sich gerade auf das Stechen bei der US Open vorbereitete, als ihre Kontrahentin Jo-Anne Carner sie etwas beruhigte. Denn Jo-Anne sagte ihr, »nichts überstürzen, wenn's darauf ankommt«.

Jo-Anne übt so, wie ich mir wünschte, daß jeder Schüler üben würde. Sie schlägt Bälle abwechselnd aus tiefem und niedrigem Rough. Und außerdem übt sie von hinter Bäumen hervor oder von kahlen Bodenstellen.

Problemschläge zu üben, macht sich auf dem Golfplatz bezahlt.

Meine besten Schüler lasse ich einen Eimer Bälle wahllos ausschütten. Danach muß jeder Ball so gespielt werden, wie er liegt. Das ist eine Vorbereitung auf die Schläge, die es später auf dem Platz auszuführen gilt.

Auf der Driving-Range schlägt man die Bälle normalerweise aus guten Lagen heraus auf ein Fußballplatz ähnlich großes Feld. Dabei sollten Golfer eigentlich auf eine Art und Weise üben, die den Herausforderungen auf dem Platz entsprechen. Denn auf dem Platz ist das Gelände aufgeteilt in ebene und unebene Passagen, auf denen Hindernisse mit Bestrafungen drohen.

## Aber wir sind keine Roboter

Schüler sagen mir, daß sie gern einen Schwung lernen möchten, den sie jederzeit wiederholen können. »So wie Ben Hogan in Colonial spielte«, erklären sie dann ihr Ziel. »Er schlägt den Ball jedesmal gleich. Wie ein Roboter. So möchte auch ich sein.«

Dabei – wenn man Ben Hogan fragte, wieviele exakt gleiche Schwünge er an jenem historischen Tag in Colonial gemacht hat, würde er meiner Meinung nach »Keinen« antworten. Fragte man ihn, wieviele der 70 Schläge einer Runde ihn völlig zufriedengestellt haben, würde er wahrscheinlich »4 oder 5« sagen.

Gute, wiederholbare Schläge ausführen zu können, ist das Ziel aller Schüler, die gute oder bessere Golfer werden möchten.
So soll es auch sein. Dennoch müssen wir verstehen, daß die Gedanken und die Bewegung, die einen Schwung ausmachen, von äußeren, den Schwung vorausgehenden Umständen beeinflußt werden.
Beispielsweise werden wir im Golf niemals mit zwei absolut gleichen Schlägen konfrontiert. Man kann eine Bahn tausendmal gespielt haben, man wird es dennoch niemals mit der exakt gleichen Lage, dem exakt gleichen Gras, der exakt gleichen Luftbewegung, der exakt gleichen Temperatur, der exakt gleichen Luftfeuchtigkeit, der exakt gleichen Energie, der exakt gleichen Vision, dem exakt gleichen Blutzuckerspiegel, der exakt gleichen Entfernung zur Fahne oder der exakt gleichen unreparierten Pitch-Marke zu tun bekommen. All diese Faktoren variieren und führen zu unterschiedlichen Schlagkombinationen. Wodurch zwei Schläge niemals exakt die gleichen sein können.
Angesichts der Herausforderung mit dem Schlag, den wir niemals vorher gemacht haben, verändert sich unser Schwung fast unbemerkt in winzigen Teilsegmenten.
Wenn dann bei einem Schlag etwas wirklich Unerwartetes passiert, dann erklären wir uns das mit »So ist halt Golf«. Weil wir es sowieso nicht anders erklären könnten. Roboter sind in der Lage, einige Teilbereiche des Spiels auszuführen. Aber das Spiel in seiner Gesamtheit verlangt nach menschlichen Gefühlen und Gedankengängen.

## Wie eine Violine

Betsy Rawls schickte Mary Lena Faulk erstmals zu mir, nachdem sie beide in der ersten Runde der nationalen Amateurmeisterschaften in Merion verloren hatten. Betsy rief mich an und bereitete mich darauf vor, daß sich ihre Freundin in einem absoluten Tief befände und bat mich, Mary Lena wieder aufzubauen.

Mary Lena kam nach Texas. Ich schaute ihr zu, während sie einige Bälle schlug. Dann setzten wir uns zusammen und unterhielten uns eine Dreiviertelstunde lang.

Ich sagte: »Ich weiß, Sie kommen aus South Georgia, wo die Menschen groß und stark sind, breite Schultern haben, aber nicht alles, wozu ihre Hände fähig sind, ausnützen, wenn sie auf den Ball schlagen. Setzen Sie doch ihre Hände ein.«

Mary Lena hatte einen Griff, bei dem ihr rechter Zeigefinger nach unten zeigend auf dem Griffband lag. Ich habe einige gute Golfer gesehen, die den Schläger so griffen, aber ich rate davon ab. Also ließ ich Mary Lena ihren rechten Zeigefinger um den Griff legen – ganz so, wie ich es gerne habe.

Viele Damen haben wenig Kraft in den Händen und lassen den Schläger daher insbesondere auf dem höchsten Punkt des Rückschwungs los. Gleichzeitig sind Damen aber auch geschmeidiger als Männer. Männer haben oft Probleme, eine gute Schulterdrehung auszuführen. Frauen bereitet das hingegen keine Schwierigkeiten, sie sind so gelenkig, daß sie sogar dazu neigen, zu weit nach hinten zu drehen. Ich verordnete Mary Lena einen kräftigen Drei-Knöchel-Griff, der ihr zu mehr Stärke verhalf.

Ein Lehrer muß sorgsam überdenken, was er seinen Schülern empfiehlt. Frauen mit einem starken Griff könnten den Schläger zu fest halten, entsprechend in ihren Schultern verkrampfen und ihren linken Arm weit nach vorne strecken – mit dem Ergebnis, daß sie nicht mehr frei schwingen können.

Mary Lena wurde die sicherste Spielerin, was Schläge aus 145 bis 160 Metern betrifft.

Das verdankte sie ihrem Holz 5 und später ihrem Holz 6. Sie verzichtete auf das Spiel mit den langen Eisen, dafür lernte sie, ihr Holz 5 erfolgreich einzusetzen. Ganz so, als ob sie mit einer Violine spielte.
Sie sagte mir, daß ihr wahrscheinlich mehr Birdies nach Holz-5-Schlägen aus 160 Metern gelungen seien, als nach Wedge-Schlägen. Sie beherrschte alle Schläge mit dem Holz 5, denn sie konnte diesen Schläger ebenso hoch wie flach beziehungsweise leicht oder hart schlagen.
Als sie dann noch das Holz 6 in ihrem Bag hatte, benützte sie dieses für 150-Meter-Schläge, die sie zuvor mit dem leicht geschwungenen Holz 5 ausgeführt hatte.
Mary Lena und ich raten Damen, auf das Eisen 2, 3 und möglicherweise auch 4 zu verzichten. Und statt dessen mit dem Holz 5, 7 und 9 zu spielen.
Warum sollte man hart daran arbeiten, ein langes Eisen in die Luft schlagen zu können, wenn es mit dem Holz und seiner abgeschrägten Schlagfläche viel leichter geht?
Beherzigen Sie den Rat von Mary Lena. Lernen Sie, Ihr Holz 5 wie eine Violine zu spielen. Sie werden die Musik lieben, wenn Ihre Mitspieler im Chor »Guter Schlag« anstimmen.

## Zuhause

Was für ein wunderschönes Fleckchen Erde so ein Golfplatz doch ist! Vom einfachen, naturbelassenen Platz bis hin zu Pebble Beach oder St. Andrews ist eine jede Golfanlage für mich ein geheiligter Boden. Dort entdecke ich die Präsenz des Herrn in jedem Baum, Grashalm oder jeder Blume, in den Kaninchen, den Vögeln oder den Eichhörnchen, beim Blick in den Himmel oder in das Wasser. Ich fühle mich wie Zuhause.

## Betty Jamesons Geschichte

Ich habe von Geburt an ein stark weitwinkliges Sehvermögen. Das heißt, ich kann Dinge sehen, die links oder rechts von mir passieren, die sich bei anderen Menschen schon längst deren Blickwinkel entzogen hätten.

Einerseits bin ich dankbar für diesen erweiterten Gesichtskreis, andererseits hat er mir auf dem Golfplatz immer wieder Schwierigkeiten bereitet. Denn ich nahm noch Zuschauer wahr, die sich bewegten, weil sie glaubten, daß ich sie nicht sehen könnte. Ich löste das Problem dadurch, daß ich immer wartete, bis sich alle gesetzt hatten. Ich machte stets sehr viele »Waggles«, nicht etwa, weil ich das brauchte, um ein Gefühl für den Schlag zu bekommen oder mir ein Ziel vor Augen zu führen, sondern um den Zuschauern ausreichend Gelegenheit zu geben, sich ruhig aufzustellen.

Manchmal brach ich die Ballansprache auch ab und trat noch einmal vom Ball weg, um die Zuschauer zu bitten, sich woanders hinzustellen, damit ich mich auf meinen Schlag konzentrieren könne.

Eines Jahres spielte ich mit der späteren Turniersiegerin Patty Berg und der späteren Zweitplazierten Babe Didrickson Zaharias die Finalrunde der Jacksonville Open. Auf dem letzten Grün bereitete ich mich auf meinen Putt vor, als sich am Grünrand etwas bewegte. Ich richtete mich auf und begann die Putt-Vorbereitungen von vorne. Und wiederum bewegte sich etwas in meinem Blickwinkel.

Schließlich sagte Babe: »Laß' mich das mal machen, Betty.« Sie ging zu den Zuschauern, fuchtelte mit den Armen und rief: »Hallo Leute auf der linken Seite. Stellen Sie sich bitte etwas weiter weg. Und auch Sie, Leute auf der rechten Seite, geben Sie Ihr eine Chance und bleiben Sie jetzt bitte ruhig stehen. Sehen Sie denn nicht, daß Betty zu putten versucht?«.

Babe hatte ein Talent, Spannungen zu lösen und alle zum Lachen zu bringen. Ich muß heute noch lächeln, wenn ich mich an jenen Tag in Jacksonville erinnere.

Ich bin Malerin und Künstlerin, und entsprechend habe ich einen großen Teil meines aufregenden Lebens verbracht, zuzuschauen oder zu beobachten. Wobei mir mein erweitertes Sehvermögen sehr geholfen hat.
Es zwang mich, mir bei jedem Schlag ein Ziel zu setzen. Wir sprechen immer über das Ziel im Golf. Tatsächlich aber gibt es jeweils stets zwei Ziele. Einmal der Ball an sich, den es zu treffen gilt. Und dann die Stelle, wo wir den Ball hinschlagen möchten. Beim Baseball gilt das gleiche Prinzip. Aber beim Baseball geht es nicht darum, einen Ball exakt in ein kleines Loch zu schlagen.
Wenn man sich gut auf sein Golfspiel konzentrieren kann und versteht, was Harvey Penick damit meinte, sich bei jedem Schlag ein Ziel zu setzen, dann kann man die Technik ganz außer acht lassen. Und gelassen all dem, was auf einen zukommt, entgegensehen.
Dabei hilft es, einen guten Schwung zu haben, weil man dann weiß, daß das Vertrauen begründet ist.
Harvey arbeitete mit mir daran, herauszufinden, wo der tiefste Punkt meines Schwungs war. Den Ball exakt am tiefsten Punkt des Schwungs zu schlagen, ist eine Kunst, die nur die besten Spieler jemals erlernen.
Was das Zielen betrifft, so halte ich wenig davon, sich einen bestimmten Punkt auf der Linie zwischen Ball und Ziel herauszusuchen und den Stand dann auf diesen Punkt hin auszurichten. Ich stelle mich parallel zur Schlagrichtung an den Ball, wackle etwas mit meinen Händen und konzentriere mich auf den bevorstehenden Schlag. Der Rest grenzt an Teleskoping, fast so wie bei Cezannes Malerei. Cezanne hatte auch nicht den Berg direkt vor sich, vielmehr setzte er ihn in seinen Bildern erst in Szene. Dies ist eine wundervolle Erkenntnis, die ich Harvey verdanke, einem Menschen, der so unendlich viel über das Golfspiel weiß.
Als Kind lebte ich in Dallas und liebte Tennis. Ich sah zwar große Golfer wie Helen Hicks, Glenna Collett Vare oder Bobby Jones auf der Kino-Leinwand, und ich bewunderte auch de-

ren Spiel, aber ich wäre wahrscheinlich Tennisspielerin geworden, wenn ich nur ein Netz besessen hätte. Denn meine Großmutter wohnte unweit eines öffentlichen Tennisplatzes, zu dem man allerdings sein eigenes Netz mitbringen mußte. Und Tennisspielen ohne Netz machte halt keinen richtigen Spaß.

Mein Vater arbeitete als Journalist, zunächst bei der Tulsa World und später bei der Dallas Times-Herald. Er war ein begeisterter Golfer, und ich schlug mit seinen Schlägern in unserem hinteren Gartenteil Bälle. Allerdings war mein Vater Linkshänder, so daß ich dabei das Schlägerblatt immer verkehrtherum halten mußte.

Ich ging oft zum Tenison Golf-Park und wartete dort auf meinen Vater, wobei ich die Zeit auf dem Putting-Grün verbrachte. Und so erfaßte mich das Golffieber. Eines Tages, so um das Erntedankfest herum, gab mir meine Mutter einen Dollar. Damit ging ich zum Golfplatz, mietete mir einen Schlägersatz und zahlte mein Greenfee. Wobei ich nicht wußte, daß mein Vater aufgrund seines Berufs in dem Club greenfeefrei spielen durfte.

Ich spielte neun Löcher alleine, ohne zuvor jemals auf einer Driving-Range gewesen zu sein oder auch nur einen vollen Schwung durch einen Ball hindurch gemacht zu haben. Als ich zum zehnten Abschlag kam, stand dort ein Feuerwehrmann, der mich fragte, ob wir nicht zusammen spielen sollten. Ich stimmte zu, und er führte fortan eine Scorekarte. Irgendwann fragte er mich, was ich auf den ersten neun Bahnen gespielt hätte. Ich sagte es ihm, soweit ich es aus dem Gedächtnis heraus noch zusammenbrachte. Am Ende der Runde gab er mir die Scorekarte und sagte: »Nimm' sie mit nach Hause und zeig' sie Deinen Eltern.«

Ich hatte ungefähr 120 Schläge gebraucht – aber fortan war ich vom Golfspiel in den Bann geschlagen. Ich wünschte mir von meinen Eltern zu Weihnachten einen Schlägersatz. Und weil sich gerade zu jener Zeit der Golfpartner meines Vaters neue Schläger mit Stahlschäften kaufte, ging mein Wunsch in Erfüllung. Unter unserem Weihnachtsbaum lagen dessen alte Schläger mit Hickory-Schäften, ebenso wie zwei Hölzer mit Stahlschäften.

Von nun an war ich eine Golferin. Im folgenden Sommer, ich war gerade 12 Jahre alt geworden, spielte ich in Tenison Park eine 39. Aus diesem Anlaß erschien in der Times Herald ein Foto von mir, auf dem ich den Schläger schwang. Harry Mc Cormack, ein wunderbarer Mann, leitete in Mockingbird Lane eine Driving-Range, wo ich die meiste meiner Zeit verbrachte und große Spieler wie Ben Hogan, Byron Nelson, Reynolds Smith, Gus Moreland oder Spec Goldman beim Wettdriven beobachtete. Es gab dabei stets zwei Wertungen – eine für die Pros und eine für die Amateure. Da es damals noch kein Fernsehen gab, verbrachte ich sehr viel Zeit auf der Driving-Range von Mockingbird Lane.

Eines Tages nahm auch ich an solch einem Kontest teil, und am Abend darauf kam ein Mann auf mich zu, der sich mir als »Francis Schneider, Pro vom Brook Hollow Country Club« vorstellte. Er sagte, daß er mir gern ein paar Stunden geben würde. Ich wußte damals nicht, wo Brook Hollow lag. Und ich wäre natürlich auch nicht im Traum darauf gekommen, daß ich dort einen der schönsten Golfplätze überhaupt kennenlernen sollte. Aber ich verabredete mich mit Francis Schneider für den kommenden Samstagvormittag.

Wir wohnten im Süden von Dallas in Oak Cliff. Ich nahm daher die Straßenbahn und stieg dann in einen Bus um. Der Bus fuhr am Flughafen Love Field vorbei und dann durch Brook Hollow hindurch, ohne daß ich zwischenzeitlich wußte, wo ich auszusteigen hatte. Schließlich fragte ich den Busfahrer nach dem Weg. Ich mußte einen weiten Weg nach Brook Hollow zurückgehen, wo Francis schon auf mich wartete.

Er gab mir eine Stunde, bevor wir einige Löcher spielten. Ich nahm den Unterricht sehr ernst, lauschte jedem seiner Worte und beobachtete jede seiner Bewegungen. Über 25 Jahre später, als sich Francis schon längst in Palm Beach zur Ruhe gesetzt hatte, spielten Mary Lena Faulk und ich mit ihm eine

Runde in Florida. Er zog seinen Caddie-Wagen selbst und sah immer noch so gepflegt und athletisch aus wie in jenen Tagen, als er in Brook Hollow den ersten teppichausgelegten Pro-Shop des Südwestens besaß. Nach der Runde fragte mich Mary Lena: »Weißt Du eigentlich, daß Du den gleichen Schwung wie er hast? Du mußt ihn als Kind kopiert haben.«
Es war mir sehr wichtig, das Spiel zu erlernen. Und die Erfolge ließen nicht lange auf sich warten. Als 13jährige gewann ich die Texas Publinks, zwei Jahre später war ich bei der Southern-Damen-Meisterschaft erfolgreich. Francis hatte zwischenzeitlich zu einem Club in Oklahoma gewechselt, daher nahm ich nunmehr Stunden bei Todd Menafee.
Während ich noch die Oberschule besuchte, zog meine Familie nach San Antonio, wo mein Vater fortan für eine dort ansässige Tageszeitung arbeitete. Im San Antonio Country Club hörte ich alle Damen über einen wunderbaren Lehrer in Austin namens Harvey Penick reden. Eine Gruppe dieser Damen fuhr regelmäßig von San Antonio nach Austin, um bei Harvey Stunden zu nehmen, wovon sie sich auch von kaltem oder regnerischem Wetter nicht abbringen ließen. Sie sprachen ständig darüber, was ihnen Harvey beigebracht hatte, und mir gefielen ihre Erzählungen. Daher bat ich darum, einmal mitgenommen zu werden. Und so lernte ich Harvey kennen.
Ich schrieb mich in der Universität von Texas ein und nahm weiterhin Stunden bei Harvey. Helen holte mich stets von der Universität ab, brachte mich zum Golfplatz und anschließend wieder zurück.
Ich glaube, die zwei wichtigsten Dinge, die mir Harvey beibrachte, waren, »Take Dead Aim«, also sich bei jedem Schlag ein Ziel zu setzen, und den tiefsten Punkt meines Schwungs herauszufinden. Ist es doch so, daß die Ballposition vom tiefsten Punkt des Schwungs bestimmt wird – und nicht etwa umgekehrt. Indem ich diese beiden Erkenntnisse miteinander verband, wurde ich eine wesentlich bessere Spielerin, was mir wiederum zu einem größeren Vertrauen verhalf. Harvey

war es, der mir das Gefühl gab, jedermann schlagen zu können.

Mit Harveys Hilfe verbesserte ich mich ständig. Auch gewann ich die nationale Damen-Meisterschaft 1939 und verteidigte diesen Titel im Jahr 1940.

Kurz bevor ich die Publinks gewann, stattete ich Bill Strawns Golf-Shop in Wichita Falls einen Besuch ab und begutachtete dort die Second-Hand-Putter. Ich stieß auf einen wunderschönen Putter mit Hickory-Schaft, der Bobby Jones' berühmten Calamity Jane ähnelte. Er hatte eine etwas kürzere Schlagfläche und einen nur wenig gebogenen Schlägerhals. Dafür hatte er ein etwas geneigteres Schlägerblatt, so wie es Calamity Jane auch hatte. Der Putter hieß Spalding Gold Medal und hatte auch schon etwas Rost angesetzt. Ich kratzte etwas an den rostigen Stellen herum, weil ich lesen wollte, was darunter stand. Dabei kamen die Buchstaben A-R-T zum Vorschein.

Ich fragte Mister Strawn, was A-R-T- bedeutete.

»Das bedeutet Kunst«, war die Antwort. »Genau das, was Putten ist – eine Kunst.«

Ich kaufte den Putter und gewann die Lochspiel-Meisterschaft von Witchita Falls damit. Ich fand das sehr aufregend.

Peggy Chandler, die ich in Dallas kennenlernte, hatte einen großen Einfluß auf meine Liebe zur Kunst und Kultur. Sie war eine sehr gute Golferin, aber sie rüttelte mich auch wach, indem sie mir sagte, mich nicht nur auf mein Golfspiel zu konzentrieren, sondern den Blick auch anderen Dingen zuzuwenden.

Der Schwung, den ich Francis Schneider abgeschaut hatte, war sehr kompakt, rhythmisch und ausgeglichen. Francis war untersetzt und entsprechend kräftig. Und er spielte in Brook Hollow nie über 70. Er übte selten, hatte aber einen einfachen Schwung, mit dem er den Schläger unkompliziert nach hinten nahm und dann nach vorne durchschwang. Ich wüßte keinen Schwung, den ich mit dem von Francis Schneider vergleichen könnte – mit Ausnahme meines eigenen.

Ich kann mich wirklich nicht sehr gut an einzelne Golflöcher und -schläge erinnern. Ebensowenig wie an Turniere. Ich dachte immer nur an den Schwung. Ist er doch für mich das Wichtigste überhaupt. Zu schwingen ist für mich ein faszinierendes Erlebnis. Dementsprechend wird es mich niemals langweilen, mich mit dem Schwung zu beschäftigen.
Harvey versuchte nicht, meinen Schwung zu verändern. Er arbeitete – stets mit positiv vorgetragenen Ratschlägen – nur daran, mich zu einer besseren Spielerin zu machen.
Natürlich ließ er mich kleinere Verbesserungen vornehmen. Aber er sagte mir nie, daß das, was ich bislang gemacht hatte, falsch gewesen sei. Er verhalf mir zu einem guten Gefühl, wofür ich ihm – wie auch Helen – für alle Zeit dankbar sein werde.
Nach dem zweiten Weltkrieg wechselte ich ins Proetten-Lager und war Gründungsmitglied der amerikanischen Damen-Tour. Ich gewann einmal die US Open und zweimal die Western Open. Das schönste an meinem Leben war, daß ich viel herumkam, und überall die Museen besuchen konnte.
Museen sind Stätte, wo man viel über Malerei lernen kann. Alle Maler sind mehr oder minder Autodidakten. Sie lernen, indem sie die großen Werke ganz genau betrachten. Genauso, wie Golfer Turniere gewinnen, indem sie große Spieler nachahmen. Es ist nicht möglich, ein Museum unbeeindruckt zu verlassen, denn ein Museumsbesuch verändert Dich, Dein Leben und Deine Weltanschauung. Auf diese Weise sieht man Dinge immer wieder neu und anders. Das ist es, was wir der Malerei verdanken. Sie hilft uns, die Natur stets neu zu entdecken. Sie hilft uns, unser Leben zu verstehen. In meinen Augen ist Malerei, Kunst und Kultur Bestandteil der Religion. Und ich glaube, daß der Golfschwung in diese Erkenntnis eingebunden werden kann. Er ist sichtbar und beinhaltet Struktur, Emotion, Stille ebenso wie Kraft.
Wäre ich heute noch eine aktive Spielerin, würde ich mich pausenlos mit den neuen Materialien beschäftigen, die auf den Markt kommen.

Ich ging zu Spalding und begutachtete deren Produktpalette, nachdem ich meinen berühmten A-R-T-Putter verloren hatte. Ich hatte ihn in der Ecke eines Büros deponiert – und von dort aus war er auf Nimmerwiedersehen verschwunden. Ich trauere diesem Putter heute noch nach.

Aber ich fand etwas ganz Besonderes bei meinem Streifzug durch den Schlägermarkt. Ich stieß auf einen Driver, der nicht eine »Deep Face«-Schlagfläche hatte wie meiner. Seine Schlagfläche war eher niedrig. Ich überzeugte die Mitarbeiter von Spalding, mir an der Schlägerkopfspitze etwas mehr Gewicht anzubringen. Denn ich spielte meine Bälle gern mit Draw und bildete mir ein, daß ich mit einem Schwerpunkt im vorderen Teil des Schlägerkopfes mehr Linksdrall entwickeln könnte. Der Driver erwies mir in der Folge gute Dienste.

Ich habe mal ein Bild von mir beim Abschlag gesehen. Am höchsten Punkt des Rückschwungs war der Schaft um etwa drei Zentimeter gebogen. Dieser neue Driver verlieh mir mehr Kontrolle, denn er hatte einen sehr steifen Schaft und einen sehr niedrigen Flexpunkt.

Es gab noch etwas, das sehr wichtig für mich war. Das waren die Golfschuhe.

Bobby Jones trug stets Moccasins-ähnliche Schuhe. Und er pflegte uns zu erzählen, daß er mit diesen Schuhen durch die Sohle hindurch die Geländebewegungen spüren konnte, wenn er über das Grün lief. Er behauptete sogar, manchmal spüren zu können, wie das Gras wuchs.

Die Schuhe sind wichtig, denn Füße brauchen Bewegungsfreiheit. Glenna Collett und Bobby Jones hatten beide eine sehr kraftvolle Schwungbewegung, und dennoch tanzten sie nicht auf den Fußspitzen durch den Schwung. Auch Tänzer müssen bekanntlich manchmal sehr ruhig stehen. Dazu fallen mir Tommy Armours Worte ein, der zu sagen pflegte: »Steh' still und schlag' den Ball. Steh' still!«

Beim Reiten kann man alle Bewegungen des Pferdes kontrollieren. Denken Sie auch an die Boxer. Ich besuchte einmal gemeinsam mit Tommy Armour einen Boxkampf. Dabei erklär-

te er mir, daß die Knock-Out-Schläge nicht etwa die langen, sondern die kurzen seien.
Es geht wirklich darum, beim Schwung durch den Ball ruhig stehen zu können. Man schwingt mit viel Elan durch den Ball, entsprechend braucht man gute Spikes, die sich im Treffmoment fest in den Boden krallen.
Armour hatte im Krieg sein linkes Auge verloren. Wenn man über die Leute spricht, die sich bei jedem Schlag ganz genau ein Ziel setzen, so darf Armour in der Aufzählung nicht fehlen. Vor jedem Schlag blickte er zum Ziel, wackelte mit dem Schläger, blickte erneut zum Ziel, wackelte wieder, visierte das Ziel erneut – und begann den Schwung nicht, bevor er mit allen Vorbereitungen fertig war.
Ich hatte die große Ehre, gemeinsam mit Patty Berg, Louise Suggs und Babe Didrickson Zaharias als eine der ersten vier Damen in die Ruhmeshalle der amerikanischen Damen-Tour aufgenommen zu werden.
Aber genauso gerührt war ich Jahre später, als ich – gleichzeitig mit meinem Freund und Lehrer Harvey Penick – mit der Aufnahme in die texanische Ruhmeshalle ausgezeichnet wurde.
Bei dem mit dieser Auszeichnung verbundenen Gala-Dinner war ich sehr nervös, sollte ich doch aus Anlaß der Ehrung eine Rede halten, für die mir nicht die richtigen Worte einfielen. Daher beugte ich mich zu Dave Marr, der den Abend leitete, und flüsterte ihm zu: »Ich weiß nicht, was ich sagen soll. Hilf' mir doch bitte.«
Er flüsterte zurück: »Du weißt doch, wie man Danke sagt, oder?«
Das brachte mich zum Lachen. Und schon wußte ich, was ich sagen würde. »Danke.«

## Paula Granoffs Geschichte

Seit ich 1992 Harveys »Golf-Weisheiten« gelesen habe, machte ich mir zwei seiner Lehren zu eigen. Zum einen schwinge ich den Schläger wie eine Sense, und zum anderen streife ich das Tee. In der Folge gewann ich die Seniorinnen-Meisterschaft von Rhode Island – der erste große Turniersieg meines Lebens. Fortan legte ich regelmäßig einen Stop in Austin ein, um Harvey und Helen zu besuchen, wenn ich mit meinem ersten Mann Lenny zwischen unserem Sommerhaus in Providence und unserem Winterquartier in Palm Beach hin- und herpendelte.

Letzten November merkte ich, daß ich eine zusätzliche Reise von Palm Beach nach Austin machen sollte, um bei Harvey eine Stunde zu nehmen. Meine Chips bereiteten mir große Probleme. Ich rief Helen an, die meine Worte an Harvey weiterleitete. Er hatte es sich zur Maxime gemacht, mir keinen Unterricht zu geben, wenn ich mit demselben Problem nicht mindestens drei Runden lang zu kämpfen gehabt hätte. Ich erzählte Helen, daß ich schon weitaus länger gegen meine Chip-Probleme ankämpfte, worauf Harvey mir empfahl, die Reise anzutreten.

In Austin angekommen, ging ich mit Helen, Tinsley und seiner Frau Betty-Ann zum Abendessen. Für den nächsten Morgen war ich mit Harvey auf dem Pitching-Grün verabredet. Dort sah er eine Weile zu, wie ich mit dem Eisen 7 chippte.

»Paula, es ist schlimmer, als ich dachte«, sagte er schließlich. »Ich weiß nicht, ob ich Ihnen da helfen kann. Aber ich probiere es jetzt einfach mal.«

Einige Stunden später rief ihm seine Krankenschwester Karenza in Erinnerung, daß es Zeit fürs Mittagessen sei.

»Ich verlasse dieses Pitching-Grün nicht, bevor ich Paula weitergebracht habe«, widersprach er.

Mein Problem war, daß ich vor dem Ball in den Boden schlug. Ich konnte das nicht abstellen, und Harvey wußte nicht, wo die Ursache lag. Mein langes Spiel war besser denn je, aber ich

war an einem Punkt angekommen, wo ich fast Angst vor jedem Chip hatte. Weil ich niemals wußte, wo der Schlag enden würde.
Harvey sagte zu mir: »Paula, meine Augen sind zwar nicht mehr so gut, wie sie mal waren, aber ich kann genau sehen, daß Sie jedesmal etwa fünf Zentimeter vor dem Ball in den Boden schlagen. Merken Sie das denn nicht?«
»Natürlich merke ich es«, entgegnete ich. »Aber ich kann es nicht abstellen.«
Harvey ließ jemanden einen mit Wasser gefüllten Eimer holen, mit dem ich dann vor- und rückwärts schwingen mußte. Dies ist eine von Harveys speziellen Methoden, um das Gefühl für den Rhythmus zu verbessern.
Auch das hatte keine positive Auswirkung auf meine Chips.
Ich wollte schon aufgeben, aber Harvey drängte zum Weitermachen.
»Sie verbringen mehr Zeit mit mir unwichtigen Person, die ich nicht chippen kann, als Sie mit Tom Kite verbracht haben, als an seinen Abschlägen gearbeitet wurde«, sagte ich.
»Alles, was Sie falsch machen, resultiert aus meinen Fehlern«, erklärte mir Harvey. »Ich werde keinen Frieden haben, solange ich Ihnen da nicht wieder herausgeholfen habe.«
Zwischenzeitlich hatten wir eine Menge Zuschauer angezogen.
Schließlich sagte Harvey: »Paula, ich möchte, daß Sie etwas versuchen«.
»Alles«, willigte ich ein.
»Heben Sie bitte bei Ihrem nächsten Chip den Kopf hoch«, verlangte er.
Ich glaubte, nicht richtig gehört zu haben. »Ich soll den Kopf hochheben. Sind Sie da sicher?«
»Tun Sie's nur«, bestätigte er.
So führte ich einen perfekten Schlag aus. Ich sah den Ball, der am Grünrand aufsetzte, in Richtung Loch lief und wenige Zentimeter davon entfernt zur Ruhe kam.
Harvey grinste. »Das war's. Sie waren so sehr darauf bedacht,

den Kopf unten zu lassen, daß sich Ihr Kopf beim Chip nach hinten bewegte. Deswegen schlugen Sie bei jedem Chip vor dem Ball in den Boden. Statt angestrengt Ihren Blick nicht von der Stelle zu lösen, wo der Ball lag, möchte ich, daß Sie fortan Ihre Augen dem Ball folgen lassen. Ich würde dies zwar nicht jedem Golfer empfehlen, aber Ihnen wird so weitergeholfen.«
Ich machte noch einige hervorragende Chips, ehe mir Harvey noch einige lange Schläge lang zuschaute. Danach gab mir Harvey grünes Licht, wieder auf den Golfplatz zurückzukehren.
»Was aber auch immer Sie tun, passen Sie gut auf Ihre Schläger auf. Sie sind perfekt für Sie«, sagte er dann noch.
Er fragte auch nach meinem Enkelsohn Ethan. Als der vier Jahre alt war, hatte ich einen Schläger für ihn abschneiden lassen und ihm beigebracht, mit dem so zu schwingen, wie er es mit einer Sense tun würde. Außerdem streift Ethan immer viermal das Tee, bevor er einen Ball schlägt.
Den Schläger wie eine Sense zu schwingen und das Tee zu streifen sind die beiden einzigen Golf-Lektionen, die Ethan jemals bekommen hat.
Inzwischen ist Ethan fünf Jahre alt und schlägt das Eisen 7 mit einem leichten Draw etwa 80 Meter weit. Es ist wunderbar, ihm dabei zuzusehen. Ich werde alles tun, daß er auch in der Zukunft nicht von den technischen und mechanischen Golf-Weisheiten überladen wird, die mir meine ersten 30 Golf-Jahre so schwer gemacht haben.
Nach dieser Chip-Lektion machte ich mich voller Vertrauen und leichten Herzens auf den Weg zurück nach Palm Beach. Ich freute mich schon auf meine nächste Golfrunde.
Und die Schläger, auf die ich nach Harveys Worten so gut aufpassen sollte? Nun, die schickte die Fluggesellschaft nach Guatemala City.

## Bergauf und bergab

Wenn man den Ball aus einer Bergauf- oder Bergablage spielt, dann ist das alleine schon schwierig genug – ohne, daß man sich die Vielzahl von diesbezüglichen technischen Ratschlägen in Erinnerung ruft.
Um diesen Schlag zu erleichtern, empfehle ich zwei einfache Dinge im Hinterkopf zu behalten.
Erstens – machen Sie zunächst einen oder zwei Probeschwünge, um festzulegen, wo der Schläger den Boden berührt. Nehmen Sie dann dementsprechend Ihren Stand ein.
Zweitens – lehnen Sie sich gegen den Hang. Bei einer Bergablage verlagern Sie hierfür etwas mehr Gewicht auf Ihren rechten, bei einer Bergauflage auf den linken Fuß.
Der Durchschnittsgolfer übt diese Schläge so gut wie nie. Dabei ist Üben der einzige Weg, die Furcht vor den Hanglagen zu verlieren.

## Spiel' mal wieder ein Scramble

Das Scramble, bei dem jeder der Flightpartner immer von der Stelle spielt, an der der beste Schlag des Teams zur Ruhe kam, macht viel Spaß. Und es ermöglicht, Spieler unterschiedlichster Spielstärken zusammen auf die Turnierrunde zu schicken.
Allerdings kann sich ein Scramble auch negativ auf den Durchschnittsgolfer auswirken. Dann nämlich, wenn er sich unter Druck setzt. Beim Abschlag beispielsweise, wenn der beste Spieler im Flight seinen Ball runde 100 Meter über die Stelle hinausschlägt, die der Durchschnittsgolfer normalerweise erreicht. In diesem Falle gilt es der Versuchung zu widerstehen, hinterher schlagen zu wollen. Denn das – hoffnungslose – Bestreben, Schläge zu machen, die man gar nicht machen kann, führt oftmals zum gänzlichen Verlust des Spielrhythmusses.
Sie müssen kein Longhitter und auch kein Superspieler mit

dem Eisen sein, um sich im Scramble als wertvoller Partner zu beweisen.
Einige gute Putts und Chips genügen, und Ihr Mitspieler wird hocherfreut sein, Sie an seiner Seite zu wissen.

## Der Golfball-Test

Ruhelos ringen die Hersteller miteinander, indem sie neue Golfbälle auf den Markt bringen, die jeweils weiter fliegen sollen als die der Konkurrenz.
Entsprechende Anzeigen, farbenfroh gehalten, strotzen nur so vor Angaben über den Druck, die Anzahl der Dimples sowie von grafischen Darstellungen der Flugkurven.
Ich glaube dennoch, daß der altbewährte »Drop-Test« die beste Methode ist, um herauszubekommen, welcher Ball am weitesten fliegen wird.
Gehen Sie zu einem Betonboden, nehmen Sie zwei Bälle in die Hand und lassen Sie sie gleichzeitig fallen. Der Ball, der höher zurückspringt, ist der, den Sie weiter schlagen werden.

## Wo ein Wille ...

Immer wieder erzählen mir Leute, daß ihnen ihr hektisches Dasein keine Zeit für eine Runde Golf läßt. Ich kann das nachempfinden, insbesondere, wo man heutzutage bis zu fünf Stunden oder gar mehr benötigt, um auf einem stark frequentierten Platz eine Runde zu spielen. In meiner Jugend nahmen 18 Bahnen nicht mehr als drei Stunden in Anspruch, wenn nicht gar noch weniger. Dabei wurde damals noch gegangen – und nicht mit dem Golf-Wagen gefahren. Allerdings war das auch zu einer Zeit, als die Golfer noch nicht am Fernsehen beobachten konnten, wie Tourspieler sogar für die Vorbereitung eines Putts mehrere Minuten benötigen.
Aber wer sagt eigentlich, daß man jedesmal gleich 18 Löcher spielen muß? Schnelle neun Löcher, am frühen Morgen oder späten Nachmittag gespielt, tun Ihnen doch auch gut.

Unter ganz besonderen Umständen können Sie auch in die Fußstapfen jenes Mannes treten, von dem mir der Pro eines eleganten Privatclubs im Osten erzählte.
Dieser Herr fährt mit seinem Chauffeur jeden Tag in seinem Rolls-Royce in seinem Club vor, wo ihn sein Caddie bereits mit den Schlägern erwartet.
Danach spielt der Herr jeden Tag ein Loch. Was sich schon so weit herumgesprochen hat, daß ihn andere Spieler einscheren lassen, wenn er am Abschlag erscheint.
Und nach 18 Tagen gibt der Herr dann seine Scorekarte ab.
Sie sehen, man kann immer Zeit für Golf finden, solange nur Ihr Herz für dieses Spiel schlägt.

## Ein Kompliment von Walter Hagen

In den Tagen, als er überall in den Vereinigten Staaten und in Europa Demonstrationsmatche bestritt, wurde Walter Hagen immer wieder von, ob des hohen Besuchs stolzen, Mitgliedern gefragt, wie er denn ihren Golfplatz fände.
Nun war Hagen ein hervorragender Botschafter des Golfsports, der nicht umsonst maßgeblichen Anteil daran hatte, daß das Golfspielen und -lehren in der Gesellschaft zu einem angesehenen Beruf wurde.
So war seine Antwort auf die Frage, wie ihm der Platz gefalle, auch: »Meiner Meinung nach ist dies zweifelsohne einer der schönsten Plätze seiner Art, den ich jemals gespielt habe.«

## Überprüf' die Ball-Position

Nur zu schnell kann man die richtige Ballposition verlieren. An einem Tag noch ist alles in Ordnung und Sie treffen den Ball gut – und bereits tags darauf slicen oder pullen Sie den Ball. Ohne zu ahnen, daß dies aus einer Veränderung der Ballposition herrührt.
Wo Sie den Ball positionieren müssen und wie weit Sie von ihm entfernt stehen – dieses Wissen ist entscheidend für ein gutes Spiel.
Shelly Mayfield, eine langjährige Freundin und Schülerin von mir, die eine gute Tourspielerin war, ehe sie eine fachkundige Golflehrerin in Brook Hollow wurde, hatte eine hervorragende Idee, wie man die Ballposition immer wieder überprüfen kann. Einst, als sie den Ball besonders gut traf, nahm Shelly ein großes Stück Karton und zeichnete darauf die Position ihrer Füße und die des Balles ein.
Wann auch immer danach etwas nicht nach Plan lief, legte sie sich diese Zeichnung vor die Füße und überprüfte, ob die Ursache ihres Schwungproblems in der Ballposition zu suchen wäre.
Eine gute Idee, finde ich, die sich jedermann zu Nutzen machen sollte.

## Groß genug

Immer wieder erzählen mir Damen, daß sie zwar gerne Golf spielen würden, aber das Gefühl hätten, nicht groß und kräftig genug zu sein, um den Ball so zu schlagen, daß dabei auch ein respektabler Score herauskommen könnte.
Daraufhin erzähle ich immer die Geschichte von Lina Diebold.
Lina ist 1,53 Meter groß und wiegt gerade mal 45 Kilogramm. Sie begann das Golfspiel im Alter von 23 Jahren in ihrer Heimat Indonesien. Mit Herrenschläger, die allerdings viel zu schwer für sie waren. Ein Jahr später bekam sie ihren ersten

Damen-Schlägersatz. Und innerhalb von nur zwei Jahren schlug sie ihren Mann Joe.
Heute ist Lina 38 Jahre alt und hat im Hideaway Lake Club, der etwa 130 Kilometer von Texas entfernt liegt, ihr Handicap von 36 auf 4 verbessert.
Gelernt hat sie das Spiel bei Scott Blackshear, dem Golflehrer im Hideaway Lake Club, sowie Bruce Furman, dem Golflehrer vom Golfclub Holly Tree in Tyler. Heuer gewann Lina die Meisterschaft von Holy Tree mit einem Vorsprung von 10 und die Meisterschaft von Hideaway mit einem Vorsprung von 15 Schlägen. Womit sie sich in ihrem Heimatclub ihren siebten aufeinanderfolgenden Titel sicherte.
Lina hat gute, lange Abschläge, weil sie eine kräftige Hüftdrehung macht. Außerdem verfügt sie aus einer Distanz von 150 Metern über ein gutes, präzises Spiel mit dem Holz 5.
Erzählen Sie mir also nicht, daß das Schwingen des Golfschlägers eine Frage der Größe oder des Gewichts sei. Jedermann kann in der Welt des Golfspiels seinen Platz finden.

## Ein Gebet

Schenk' mir einige gute Lagen, o Herr
Und die Gelassenheit, damit mir gute Schläge gelingen

Gib mir eine gesunde Auffassung, o Herr
Um das Gute und Reine im Auge zu behalten
Damit die erkennbare Sünde keinen Einzug erhält
Sondern den Weg fort findet

Gib mir einen ungebrochenen Geist
Der nicht seufzt und auch nicht jammert
Und laß' mich Aufregung vermeiden
Über dieses Etwas, »ich« genannt

Gib' mir einen gesunden Humor, o Herr
Schenk' mir die Gnade, einen Witz zu machen
Um Freude im Leben zu finden
Und diese an andere weiterzugeben.

Von Monsignor Richard McCabe anläßlich des Gala-Dinners zu Ehren von Harvey Penick, das 1994 vom Kongreßabgeordneten J.J. Pickle gegeben wurde.

## Ein ganz natürlicher Weg

Die natürlichste Weise, den Schläger zu greifen, beginnt mit einem aufrechten Stand, bei dem man die Arme einfach an beiden Körperseiten herunter hängen läßt. Es wäre ja auch völlig ungewöhnlich, wenn sich jemand hinstellte und die Handballen nach außen drehte. Stellen Sie sich also ganz normal hin.

Greifen Sie nun mit der linken Hand um den Schlägergriff – leicht, ohne Verkrampfung. Strecken Sie dann Ihre rechte Hand aus, als ob Sie jemanden die Hand geben wollten und legen Sie sie unterhalb der linken Hand auf den Schlägergriff. Das wäre es dann auch schon.

Aus unterschiedlichen Gründen greifen unerfahrene Golfer den Schläger oftmals von unten, also mit den Handballen nach oben gerichtet. Dadurch geraten sie in eine schwache Ausgangsposition, was viele Spieler dadurch zu verbergen versuchen, daß sie ihre Hände in eine Position drehen, die dem richtigen Griff optisch ähnelt.

Ein guter Griff ist fast ganz so, als ob Sie dem Schläger die Hand geben würden. Man kann wohl kaum jemanden mit den Handballen nach oben die Hand geben. Oder könnten Sie das?

Ich will Ihren linken Daumen etwas an der rechten Seite des Schlägergriffes sehen, sozusagen als Stütze. Ich möchte, daß Sie beim Hinabblicken drei Knöchel Ihrer linken Hand sehen. Auch möchte ich, daß die V's Ihrer beiden Hände zur rechten Schulter zeigen. Ich wünsche, daß die V's geschlossen ineinander übergehen und daß Ihr linker Daumen fest von der rechten Handöffnung eingeschlossen liegt. Dies verhilft Ihnen zu Solidität und Stärke.

Sollte Ihnen dies alles zu kompliziert klingen, dann nehmen Sie ganz einfach einen Meterstab. Greifen Sie ihn, als ob er ein

Schläger wäre – und Sie werden sofort verstehen, was ich meine.

Die beiden besten Griffe, die ich je bei Golferinnen gesehen habe, gehörten der großen Amateurin Aniela Goldthwaite aus Fort Worth, die als erste Texanerin als USGA-Vorstandsvorsitzende deren Geschicke leitete, und der legendären Betty Jameson.

Ich wünschte, ihre Griffe wären in Bronze gegossen worden. Dann könnten sie heute als Musterbeispiel für alle nachfolgenden Golferinnen dienen.

## Die Kleidung

Ich habe immer an Golferinnen geglaubt, die sich nicht nur nach optischen Gesichtspunkten anzogen, sondern die auch darauf achteten, sich so zu kleiden, daß sie im Golfschwung nicht behindert wurden.

Alle Sportler haben das Recht, sich sowohl gemäß optischen als auch zweckmäßigen Gesichtspunkten zu kleiden. Wenn sich eine Golferin eingeengt fühlt, kann sie nicht das Beste aus ihren Fähigkeiten herausholen.

## In Gedenken an Babe

Ich spielte mit Babe Didrickson ihren ersten Schaukampf, nachdem sie einen Vertrag mit Wilson unterzeichnet hatte und Proette geworden war. Mit von der Partie war auch der Ryder Cup-Spieler Al Espinosa.

Babe war das weibliche Pendant zu Arnold Palmer. Sie war unbeirrbar, unerschrocken und selbstbewußt. Sie schlug den Ball weit. Und das Publikum liebte sie.

In diesem, ihrem ersten Schaukampf traf Babe ein Eisen 7 dünn, so daß ihr Ball über das Grün lief. Daraufhin wandte sie sich an mich und sagte laut: »Harvey, diese Grüns halten heute nicht sehr gut, oder?«

Babe konnte in einer Meisterschaft allen anderen Spielerinnen erzählen, daß sie sie in Grund und Boden spielen würde und daß es ihnen auch noch gefallen würde. Weil Babe diesen Worten Taten folgen ließ, und weil sie die meisten Zuschauer anlockte.

Babe war eine große Sportlerin und hatte einen natürlichen, kraftvollen Golfschwung. Während der Stunden, die ich mit ihr verbrachte, konnte ich zumeist nur anerkennend feststellen, daß sie von Natur aus jeden Schlag lehrbuchartig beherrschte.

Am Tag, nachdem sie bei den Olympischen Spielen 1932 die Silbermedaille im Hochsprung gewonnen hatte, wurde sie von einigen bekannten Sportjournalisten – Paul Gallico, Grantland Rice, Westbrook Pegler und Braven Dyer – auf den Golfplatz gelockt. Die vier Männer überredeten sie, mit dem Spiel zu beginnen. In der Folge schlug sie täglich einige tausend Übungsbälle, während sie gleichzeitig ihren Lebensunterhalt als Stenotypistin und als Pitcher bei Baseball-Schaukämpfen des House-of-David-Teams verdiente. 1934 platzte sie in die Golfszene und wurde schnell zum Publikumsliebling. 1954 gewann sie ihren dritten US-Women-Open-Titel – kurz nach einer Krebsoperation. Diese Krankheit sollte Sie dennoch mit 45 Jahren besiegen.

Babe war mit dem Ringer George Zaharias verheiratet, mit dem sie eine glückliche Ehe führte. Als ich George kurz nach Babes Beerdigung sah, waren wir beide überwältigt und fielen uns gegenseitig weinend in die Arme.

## Lern' Dein eigenes Spiel kennen

Niemand kann besser wissen als Sie selbst, ob Sie einen gewissen Schlag beherrschen oder nicht. Lassen Sie sich daher bei der Schlägerwahl nicht über Gebühr von Ihren Mitspielern beeinflussen. Wenn es Ihnen als ein Eisen 6-Schlag erscheint, dann nehmen Sie das Eisen 6 – auch wenn Ihre Flight-Partner zum Eisen 8 greifen. Ihre Wahl wird Sie den Weg aufs Grün und zum Loch finden lassen. Und das alleine zählt. Nichts anderes!

Haben Sie Vertrauen in Ihre Entscheidung, wenn Sie sich einmal über die Entfernung und für den entsprechenden Schläger entschieden haben. Machen Sie dann den besten Schwung durch den Ball. Lassen Sie eventuelle Zweifel gar nicht erst aufkommen. Betsy Rawls war diesbezüglich die beste Golferin, die ich jemals sah. Wenn sie jemals von Zweifeln geplagt gewesen sein sollte, so hat dies niemand gemerkt.

## Wie geht's denn so?

Als ich eines Tages meiner Schülerin Gene Kirksey die Körperdrehung erläuterte, tat ich dies auf eine Art und Weise, die sie heute noch zum Lachen bringt. Und an die sie sich – was am allerwichtigsten ist – immer erinnern wird.

»Gene, stell' Dich gerade hin und schau' mich an«, sagte ich. Drehe Dich nun zu Deiner Rechten, als ob dort gerade jemand an Dir vorbeilaufen würde. Strecke diesem Jemand Deine rechte Hand entgegen, schüttel' ihm die Hand und sage: Wie geht's denn so?«

Sie begann zwar zu lachen, aber sie tat, wie ihr geheißen.

»Wie geht's denn so?«, sagte sie und streckte ihre Hand aus.

»Jetzt kommt jemand von links«, fuhr ich fort. Dreh' Dich also herum und strecke auch diesem Jemand Deine rechte Hand entgegen, um auch ihm die Hand zu schütteln und ein 'Wie geht's denn so' zu sagen.«

»Wie geht's denn so?«, sagte Gene, während sie der imaginären Person zu ihrer linken Seite die Hand schüttelte.
Gene sagt mir, daß sie immer an das »Wie geht's denn so nach rechts und wie geht's denn so nach links« denken würde. Womit sie immer eine klare gedankliche Vorstellung der Körperdrehung hat.
Wie geht's denn so ... Vielleicht probieren auch Sie es einmal mit dieser Methode?

## In anderen Umständen

Annie Nelson, die Frau des berühmten Musikers und Schlagzeugers Willie Nelson, bekam innerhalb von drei Jahren zwei Söhne. Und jedesmal spielte sie Golf bis kurz vor der Entbindung.
Je schwerer Annie schwangerschaftsbedingt wurde, desto schnörkelloser präsentierte sich ihr Schwung und desto größer wurde ihre Körperdrehung.
Das erzählte ich Cindy Figg-Currier, als auch sie im sechsten Monat schwanger war.
»Genauso ist es bei mir«, bestätigte Cindy. »Ich habe das Gefühl, daß mein Schwerpunkt stabiler ist. Und ich habe in der Tat etwas, um das ich mich drehen kann.«
In meinen Augen besteht die einzige Gefahr, wenn eine Frau in anderen Umständen Golf spielt, darin, daß sie es übertreiben könnte und dadurch müde wird. Ansonsten können Sie ruhig Ihren kleinen Schatz über den Golfplatz tragen und sich des Lebens erfreuen. Vielleicht führen Sie dabei ja einen zukünftigen Champion in die Welt des Golfs ein.

## Mach' die Augen zu

Carrell Grigsby hatte mit Putt-Problemen zu kämpfen. Daher lud ich sie eines Nachmittags ein, bei uns vorbeizuschauen. Wir wollten sehen, ob ich ihr weiterhelfen und sie bei Putt-Übungen auf dem Teppich korrigieren könne.

Es ist leichter, auf dem Teppich etwas herauszufinden, als auf einem Grasgrün. Weil auf dem Teppich die Schlagfläche des Putters rechtwinklig zu den Linien des Teppichmusters ausgerichtet werden kann. Dies ist besonders erfolgversprechend, wenn der Putter entsprechend markiert ist.

Ich ließ Carrell den Putter entlang der Teppichkante schwingen, wobei ich darauf achtete, daß ihr Rück- und Durchschwung jeweils die gleiche Länge hatten. Wir benutzten keinen Ball. Ich wollte nur genau sehen, wo sie ihren Putter hinführte.

Dann sagte ich ihr, sie solle die gleiche Übung mit geschlossenen Augen wiederholen.

»Den Schlag mit geschlossenen Augen führen Sie ganz natürlich aus«, erklärte ich ihr. »Mit geöffneten Augen werden Sie nur zu oft dazu verleitet, den Putter zu beobachten.«

Carrell machte einige Puttbewegungen mit geschlossenen Augen und entwickelte schließlich ein Gefühl für den Schlag.

Ich lasse Schüler öfter einen vollen Schwung mit geschlossenen Augen machen. Das hilft ihnen, ein Gefühl für den Schwung zu entwickeln, ohne durch das Betrachten des Balles davon abgelenkt zu werden.

Es überrascht die Schüler, wie gut sie einen vollen Schwung mit geschlossenen Augen ausführen können. Und wie schnell sie dadurch lernen, das Gleichgewicht nicht zu verlieren und Vertrauen zu entwickeln.

Der Golfball allein verursacht viele Probleme mit dem Schwung und jener kürzeren Bewegung, die wir Schlag nennen.

Wenn Sie Ihren Schwung auch nur einen Millimeter vor dem Ball verlangsamen, dann werden Sie nicht mehr Ihren best-

möglichen Schlag ausführen können. Aber diese Schwungverlangsammung ist genau das, was der Durchschnittsgolfer tut.
Sie denken mehr an den Ball als daran, einen vollen Schwung zu machen und durch den Ball zu schwingen.
Ich sage Schülern nur, den Ball während des Schwungs nicht aus dem Auge zu lassen, wenn ich nichts anderes möchte, als ihre Gedanken mit etwas zu beschäftigen, das keinen Schaden anrichten kann.
Es gibt einen Unterschied zwischen 'Blicken' und 'Sehen'. Sie können auf einen Ball blicken und ihn dennoch nicht sehen. Ich aber möchte, daß sie den Ball sehen, ohne auf ihn zu blicken.
Üben Sie Schläge und Schwünge mit geschlossenen Augen und Sie werden lernen, ein Gefühl dafür zu entwickeln.

## Gedankenspiele

Martha Westmoreland, eine der besten Spielerinnen unseres Clubs, kam eines Tages auf die Driving-Range und bat mich, sie einige Bälle lang zu beobachten.
Martha schlug gute Bälle, so daß ich sie nach einigen Minuten fragte: »Das sieht doch gut aus. Was stimmt denn Ihrer Meinung nach nicht?«
»Nichts«, antwortete sie.
»Warum wollen Sie dann, daß ich Ihnen beim Bälleschlagen zuschaue?«, fragte ich.
»Weil ich hören wollte, daß nichts falsch ist«, sagte sie.
Die Damen-Clubmeisterschaft stand bevor, und alles, was Martha von mir wollte, war eine Bestätigung.
»Es ist wirklich nur eine winzige Kleinigkeit, die ich ändern würde«, sagte ich daher. »Lassen Sie uns eine kleine Berichtigung Ihres Griffs vornehmen.«
Ich tat, als ob ich ihre Hände um einen Millimeter-Bruchteil verändern würde. Tatsächlich aber änderte ich überhaupt nichts.

»Jetzt haben wir's«, sagte ich. »Jetzt ist es perfekt.«
Martha ging strahlend davon und gewann wenige Tage später die Clubmeisterschaft.

## Pattys erste Mal

Jimmy Demaret und ich spielten mit Patty Berg und einer anderen Dame, an deren Namen ich mich nicht erinnern kann, als Patty ihren ersten professionellen Schaukampf bestritt.
An jenem Tag war es bitter kalt und stürmisch, so daß nur wenige eskimoähnlich gekleidete Zuschauer gekommen waren.
Jimmy und ich wollten daher das Spiel absagen. Little Patty enthielt sich der Meinung. Aber ihr Vater bestand darauf, daß das Spiel wie angekündigt stattzufinden hätte.
Oh, was waren das für fürchterliche erste neun Löcher. Meine Hände waren blau. Der Wind schlug mir den Schal ins Gesicht. Und Jimmy hatte auch nicht mehr Spaß als ich, während Patty tapfer voraus marschierte, ihren Caddie und ihren Vater im Schlepptau.
Als wir zum zehnten Loch gingen, verließen uns auch die letzten Zuschauer.
Aber Pattys Vater bestand immer noch vehement darauf, das Spiel nicht abzubrechen. Und so schlichen sich Jimmy und ich auf den zehnten Abschlag.
Die zehnte Bahn, ein Par-4-Loch, führte bergab. Es herrschte Rückenwind und Jimmy machte einen soliden Abschlag, mit dem er beinahe das Grün drivte. Ich blieb einige Meter kürzer. Noch mehrere weitere Meter kürzer war Pattys Abschlag, den sie sehr schlecht getroffen hatte.
Mir klapperten die Zähne und lief die Nase, als ich Patty beobachtete, wie sie sich auf ihren Eisenschlag vorbereitete. Dies geschah vor den Augen ihres Vaters, der verlangte, daß sie den nächsten Schlag wieder besser treffen sollte.
Patty schlug. Der Ball sprang einmal vor dem Grün auf, rollte zum Loch und verschwand schließlich zum Eagle darin.
Ich nahm meinen Ball auf und sagte: »Das kann niemand

mehr besser machen. Patty, Du bist eine tolle Spielerin, die eine große Karriere vor sich hat.«
Jimmy bestätigte laut dieses Kompliment, ehe wir uns die Hände gaben und sich Jimmy und ich mit erfrorenen Füßen auf den Weg zurück zum Clubhaus machten.
Patty und ihr Vater folgten uns eine Minute später. Ich nehme an, daß er über das vorzeitige Ende von Pattys erstem professionellen Schaukampf enttäuscht war. Aber ich wußte, daß Patty ihm noch viele Jahre lang wunderschönes Golf zeigen würde.

## Der 40-Meter-Schlag

Wenn Sie sich die Haare kämmen, greifen Sie dann die Bürste fest am Griff und bürsten Sie quer über den Kopf? Natürlich nicht! Sie kämmen Ihre Haare mit einer sanften, lockeren und gefühlvollen Bewegung.
Dies ist auch der Grundgedanke beim 40-Meter-Schlag, der ein sehr wichtiger Schlag für Golfer aller Spielstärken ist.
Schon ein Blick auf Ihre Scorekarte verrät Ihnen, daß Sie eine große Anzahl von Schlägen innerhalb einer Entfernung von 40 Metern zum Loch entweder verlieren oder gewinnen.
Auf dem alten Platz des Austin Country Clubs am Riverside Drive nahm ich oft ein Glas Limonade, ein Sandwich und einen Eimer Praxisbälle mit unter den großen Baum, von dem aus ich für etwa eine Stunde Pitchschläge machte, wann immer ich nicht im Pro-Shop oder auf der Driving-Range benötigt wurde.
Als Ben Crenshaw noch ein Junge war, übte er Wedgeschläge aus verschiedenen Entfernungen. Er schlug den ersten Ball 80 Meter, den zweiten 70 Meter weit und machte dann so weiter, bis er irgendwann beim 10-Meter-Schlag angekommen war. Wenn man dann vom kürzesten Ball zurückblickte zum längsten, dann konnte man stets feststellen, daß die Bälle wie auf einem Faden aufgereiht lagen.

So entwickelte Ben das Ballgefühl, das ihn zu einem ganz großen Spieler werden ließ.
Betsy Rawls gewann einen ihrer vier Titel bei der US Women Open, indem sie am 72. Loch einen kurzen Pitch sanft und gefühlvoll auf das schnelle, hängende Grün setzte.
Selbst die besten Touring-Proetten, wie Cindy Figg-Currier, benötigen ab und zu für Schläge aus rund 40 Metern eine Trainingsstunde.
Eines morgens, an dem es sehr windig war, kam sie zu mir auf die Driving-Range. Als erstes ließ ich sie ihren Handschuh ausziehen. Danach gab ich ihr einen Schläger in die Hand und fragte sie, wieviele Knöchel der linken Hand sie sehen könne.
»Zweieinhalb«, antwortete sie.
»Auf einen halben Knöchel gibt Dir niemand einen Kredit«, sagte ich. »Ich möchte, daß Du drei siehst.« Ihr Griff war etwas schwächer geworden, seit ich sie das letzte Mal gesehen hatte. Was durchaus natürlich ist.
Cindy erzählte mir, daß sie die Pitchschläge mit ihrem Sandwedge zu Klassischen Musikrhythmen üben würde. Was ihr half, ein besseres Gefühl für das Tempo zu entwickeln. Eine Methode, mit der ich mich durchaus anfreunden kann, solange man dabei niemand anderen stört.
An jenem Morgen auf der Driving-Range stärkte ich wieder ihren Griff, indem ich ihre linke Hand um ungefähr einen halben Knöchel verschob. Auch ließ ich sie den Sandwedge etwas länger greifen, damit sie während des Schlages nicht tauchte oder in die Knie ging. Danach ließ ich sie sich square zur Ziellinie stellen. Denn ich bevorzuge für diese Schläge den Stand parallel zur Ziellinie.
»Soll ich das Schlägerblatt bei diesen Schlägen nicht etwas öffnen?«, fragte sie.
»Nein«, antwortete ich. »Richte es square aus.«
Ein Öffnen des Schlägerblatts verstärkt den Loft des Schlägers, was gut für den Spitzenspieler, aber gefährlich für den Durchschnittsgolfer ist. Nun ist Cindy natürlich eine Spitzenspielerin. Aber die stürmischen Witterungsbedingungen jenes Tages

verlangten dennoch nach einer rechtwinkligen Schlägerblattausrichtung.
Ein zu offener Stand verändert die Schlägerblattstellung. Cindy schien mir den Ball gut anzusprechen, solange sie sich parallel zur Ziellinie ausrichtete.
»Mehr als bei jedem anderen Golfschlag, möchte ich, daß Du an den Schwung mit einem Wassereimer denkst, wenn Du einen kurzen Pitch machen mußt«, sagte ich ihr. »Mach' einen Probeschwung, um das Gefühl für den 40-Meter-Schlag zu bekommen. Dabei müssen Dein Rück- und Durchschwung die gleiche Länge haben. Also mach' auf keinen Fall einen kurzen Rück- und langen Durchschwung. Oder umgekehrt.«
Wir stellten sicher, daß ihre Ansprechposition korrekt war. Das heißt, ihr Ball lag etwa in der Mitte des Standes. Ich empfahl ihr, den Schläger etwas abrupter zurückzuschwingen – allerdings ohne dabei aus dem imaginären Wassereimer etwas verspritzen zu lassen. Und schließlich riet ich ihr, den Pitch hoch zu spielen und sanft landen zu lassen.
Sehr bald konnte Cindy nicht nur 40 Meter lange Schläge, sondern auch all die anderen, 10 Meter kürzeren oder längeren Entfernungen, die ich Schlag für Schlag von ihr verlangte.
Manchmal ließ ich sie auch zweimal hintereinander gleich lange Bälle schlagen. Dadurch vergewisserte ich mich, daß sie den ersten Ball nicht zufällig mit der richtigen Länge geschlagen hatte.
Doch kehren wir zu den Grundlagen zurück. Cindy schlug den Pitch wie eine Spitzenspielerin, die sie auch ist. Obwohl sie damals in anderen Umständen war, verbrachte sie mit mir mehr als eine Stunde auf der Driving-Range, wo es windig und feucht war. Dieser Eifer ist notwendig, um diesen extrem wichtigen Schlag selbstbewußt und vertrauensvoll ausführen zu können.

## Wo kommen diese eigenartigen Schläge her?

Es passiert jedem. Man spielt gutes Golf und ganz plötzlich, wie aus dem Nichts, passiert etwas Eigenartiges. Ein Quick-Hook, ein von oben herab geschlagener Ball, ein total verzogener Drive oder ein auf sonstige Weise mißratener Schlag.
Wo kommen diese Schläge her?
Sie entspringen Ihren Gedanken. Man verliert nicht den Schwung zwischen zwei Schlägen. Aber man kann sehr leicht die Aufmerksamkeit verlieren. Wenn sie einmal darauf ausgerichtet sind, tun die Muskeln, was man ihnen befiehlt. Wenn sich nun aber Ihre Gedanken mit etwas anderem beschäftigen und entsprechend unklare »Befehle« an die Muskeln weiterleiten, wissen die nicht mehr genau, was von ihnen erwartet wird. So manch eigenartiger Schlag kann hieraus die Folge sein.

## Susan Watkins Geschichte

Ich bin heute Trainerin des Damen-Teams der Universität von Texas. Doch als ich Harvey Penick 1978 zum ersten Male traf, hätte ich nicht zu träumen gewagt, in welchen Bahnen mein weiteres Leben verlaufen würde.
Ich durchlebte damals eine kritische Zeit. Zwar hatte ich mich gerade von einer schweren Fußverletzung erholt, doch es stand fest, daß ich das aufgeben mußte, was ich als meine erste Liebe erachte – das Tennisspiel.
Ich werde diesen außerordentlich sonnigen Nachmittag nie vergessen, an dem ich zum Austin Country Club am Riverside Drive fuhr, wo ich den Damen-Trainer der Universität von Texas, Pat Weiss, und Mister Penick traf.
Mister Penick führte ein Buch und zeigte es mir. Darin war verzeichnet, welche seiner Mitglieder zu Fuß über den Platz gingen und welche mit dem Wagen fuhren. Er blickte Coach

Weiss an, als er sagte: »Wenn Ihr zwei zum Spielen gekommen seid, dann wirkt Ihr gesund genug, um zu gehen.«
Coach Weiss stellte mich Mister Penick vor. Er sagte: »Ich kenne Ihren Namen. Sie sind eine Tennisspielerin.« Daraufhin erzählte ich ihm, daß ich 13 Jahre lang Turniertennis gespielt hatte, nun aber verletzungsbedingt meine Karriere aufgeben müsse. Daher wollte ich Golf lernen.
An diesem Tag begann für mich ein neues Leben.
Mister Penick und ich unterhielten uns den ganzen restlichen Nachmittag lang. Ich erzählte ihm, daß ich unbedingt ein Spiel brauchte, um meine sportliche Leere auszufüllen. Er sagte, daß er mir viel Naturtalent zutraue, weil sich meine Koordination und mein Gleichgewichtsgefühl während all der Tennis-Jahre schon sehr gut entwickelt hätten. Außerdem sei ich ambitioniert, eine sehr vorteilhafte Gabe für jeden Sportler.
Als ich eine bessere Golferin wurde, verbrachte ich mehr und mehr Zeit mit Mister Penick. Dabei wurde mir klar, daß ich ebenfalls lehren wollte. Ich erzählte ihm, daß ich genauso sein wolle wie er – allerdings in der weiblichen Version. Danach begann ich, mehr Zeit damit zu verbringen, ihm beim Lehren zuzusehen und seinen Geschichten zuzuhören, als mich meinem eigenen Spiel zu widmen.
Ich hatte das Glück, als Golflehrerin im Austin Country Club, in Cherry Hills in Denver und als Damen-Trainerin von Texas in Mister Penicks Fußstapfen treten zu können. Wobei ich als Trainerin des Damen-Teams der Universität von Texas die Position bekleide, die er mehr als 30 Jahre lang inne gehabt hat. Ich versuchte, ihm als herausragende Botschafterin des Golfsports für Golfer aller Leistungsstärken nachzueifern. Entsprechend haben mich seine leuchtenden Augen gerührt, als er im vergangenen Jahr erfuhr, daß ich Damen-Trainerin geworden war.
Vor Jahren saß ich eines Tages im Pro-Shop und hörte Mister Penick zu, wie er über Golf sprach, als plötzlich sein Hörgerät ausfiel. Er sagte: »Ich hol' mir schnell neue Batterien, damit ich es nicht verpasse, heute etwas Neues zu lernen«. Er

fuhr in seinem kleinen, gelben Lieferwagen davon, kehrte aber bereits nach zehn Minuten wieder mit einem Lächeln auf den Lippen zurück. Ich stellte fest, daß er sehr schnell gefahren sein müsse. Worauf er wieder lächelte und sagte: »Ich brauche gar keine Batterien mehr. Ich bin mit meinem Wagen über irgendetwas gefahren, so daß es einen großen Schlag bekommen hat, und seither funktioniert mein Gehörgerät wieder tadellos.«

Ich fuhr mit Mister Penick nach Hills of Lakeway, wo er gemeinsam mit Chuck Cook, Phil Rodgers und Paul Runyan eine Golf-Klinik abhielt. Zuerst saß Mister Penick ganz ruhig, während Rodgers und Runyan über das Chippen und Putten redeten. Runyan trug sauber gebügelte Hosen, ein cremefarbenes, oben zugeknöpftes Golfhemd, das um den Hosenbund kleine Fältchen warf sowie ein Paar blitzblank polierter weißer Schuhe. Mit seiner runden Nickelbrille sah er wirklich sehr stilvoll aus. Ganz im Gegensatz zu Phil, der wirkte, als ob er seine Kleidung aus einem Berg unordentlich zusammengelegter Klamotten herausgekrammt hätte. Ich habe Mister Penick niemals etwas Schlechtes über andere Menschen sagen hören. Aber an jenem Tag lehnte er sich zu mir nach vorne und sagte: »Vielleicht gibt es dort, wo Phil wohnt, kein Bügeleisen.«

Mister Penick dürfte immer der erste sein, der einem sagt, daß er das Gefühl nicht lehren kann. Dennoch gewinnt man schnell einen anderen Eindruck. Denn seine Art und Weise zu Sprechen führt einen dem Gefühl entgegen. So sagt er beispielsweise: »Lausche dem Geräusch des Impacts, statt ihn zu sehen.« Ein wichtiger Ratschlag insbesondere für Golferinnen, die von ihren Männern gesagt bekommen haben, den Kopf unten zu halten. Worüber Mister Penick mit den Worten »Und wie erklärt Ihnen Ihr Mann, wie Sie den Ball wiederfinden sollen, wenn Sie ihm nicht nachblicken dürfen?« lachen würde.

Seine Worte wären: »Bitte blicken Sie auf und sehen Sie dem Ball nach, nachdem Sie das Tee unterhalb des Balles gestreift oder das Gras gebürstet haben. Es könnte ja sein, daß der Ball direkt ins Loch geht, und ich möchte auf keinen Fall, daß Sie diesen wundervollen Augenblick versäumen. Vergessen Sie nicht – es sind die Augen, die den Ball nach dem Schlag sehen können, nicht der Kopf.«

Mister Penick gab Damen immer gern Unterricht, weil sie in erster Linie lernbegierig sind. Ihrerseits schauten sie vertrauensvoll zu ihm hinauf, anstatt ihn mit Fragen zu bombardieren und nach Geheimnissen zu suchen, wie dies Männer zumeist tun.

Es bereitet Mister Penick keine Schwierigkeiten, Neu-Golferinnen als diese zu erkennen, denn sie erscheinen zum Unterricht immer mit zwei Dingen in der Hand. Dem Driver und der Geldbörse. Der Geldbörse, weil sie sich niemals von ihr trennen. Und dem Driver, weil sie mehr Länge erreichen wollen.

Mister Penick ist nicht nur ein Golflehrer, sondern auch ein Lebenslehrer. Er selbst sagt, daß er jeden Tag irgendetwas Neues lernt und versucht, dieses dann weiterzugeben. Leben, sagt er, ist Wachstum, nicht altern.

Mister Penick ist eine bewundernswerte Persönlichkeit, die mit seiner Weisheit und Güte viele Menschen gefesselt hat. Ich möchte so sein wie er, wenn ich erwachsen bin.

## Nicoles Erinnerungen

Ruthe Hawkins bat mich, ein Auge auf ein Mädchen aus Gonzales zu werfen, das sie kannte. Worauf ich mich mit Nicole Cooper und ihrem Vater Cookie auf der Driving-Range des Austin Country Club verabredete.

Ich mochte sie vom ersten Moment an. Nicole war ein süßes Kleinstadtmädchen und Cookie ein ebenso stolzer wie liebevoller Vater.

»Ich gestattete es Vätern in der Regel nicht, mir beim Unterrichten ihrer Kinder zuzusehen«, sagte ich. »Aber in Ihrem Fall, Cookie, bitte ich Sie, einen Bleistift und ein Notizbuch zu nehmen und mitzuschreiben, was ich Nicole beibringe. Es ist eine eineinhalbstündige Fahrt von Gonzales nach Texas, daher möchte ich, daß sich Nicole auch zuhause an meine Worte erinnern kann.«

Ich versuche, jedes Jahr etwas schlauer zu werden. Damit ich das, was ich zu sagen habe, einfacher ausdrücken kann.

»Das erste und wichtigste, was Sie aufschreiben«, sagte ich, »ist, daß Nicole nichts mehr an der Stellung ihrer linken Hand verändern darf, wenn sie sie einmal um den Griff gelegt hat. Es ist in Ordnung, wenn sie die rechte Hand bei bestimmten Schlägen oder an Tagen, an denen sie Probleme mit dem Timing hat, etwas verrückt. Aber an der Stellung ihrer linken Hand darf nichts verändert werden.«

Das schrieb sich Cookie auf.

Nicoles linke Hand war das zentrale Thema unserer ersten gemeinsamen eineinhalb Stunden.

Als sie sich wieder auf den Weg nach Gonzales machten, zog Cookie seine Geldspange heraus. Aber ich deutete ihm an, sie wieder wegzustecken. »Es macht mir soviel Spaß, Ihrer Tochter Unterricht zu erteilen, daß ich Ihnen für das Herbringen etwas zahlen sollte«, sagte ich.

Nicole versuchte als Studienanfängerin nicht, sich für das Golf-Team der Universität von Texas zu qualifizieren. Aber in ihrem Examenssemester fiel der Blick des damaligen Trainers,

Pat Weiss, auf sie. Und Nicole erspielte sich einen Platz im Team.

Im vergangenen Sommer waren Nicole und ein weiteres Mädchen von der texanischen Universität, Nadine Ash, zwei der fünf Studentinnen aus allen Teilen der Vereinigten Staaten, die die amerikanischen Farben bei den Studenten-Weltmeisterschaften im spanischen Madrid vertraten.

Nicoles Spiel befand sich in einem Tief, als der Meisterschaftstermin näherrückte. Daher setzten wir uns zusammen und führten ein langes Gespräch, das ihr Vertrauen stärken sollte. Denn Nicole ist eine mutige Spielerin, der es aber an Selbstvertrauen mangelt.

Vor ihrer Abreise sagte mir Nicole: »Ich möchte, daß Sie wissen, daß ich in Spanien an Sie denken und mich an alles erinnern werde, was Sie mir gesagt haben.«

»Nein, nein, denk' nicht an mich«, wehrte ich ab. »Denke vielmehr bei jedem Schlag an das Ziel. Denke an ›Take Dead Aim‹.«

Nicole gewann in Madrid die Einzel- und Amerika die Mannschaftswertung.

Zurück zu Hause, zeigte sie mir das Entfernungsbüchlein, das sie vom La Herrer'a Golfclub angefertigt hatte.

Bei den beiden Finalbahnen, auf denen sich die Führenden stets einem besonders starken Druck ausgesetzt sehen, hatte sie sich notiert: »Denk' ans Ziel. Denk' an ›Take Dead Aim‹. Erinnere Dich an Harvey.«

Als ich das sah, schossen mir Tränen in die Augen. Ein warmes, schönes Gefühl machte sich in mir breit, und eine Gänsehaut bildete sich auf meinen Armen.

Solche Momente sind mit Geld nicht aufzuwiegen.

## Unsere Tochter Sandra

Sandra Palmer ist Helen und mir wie eine Tochter ans Herz gewachsen. Wie viele meiner Freunde und Schüler, lernte ich Sandra über Betsy Rawls kennen. Sandra ging noch in Fort Worth zur Schule, als Betsy mich anrief und fragte, ob ich mir sie nicht einmal ansehen könnte.

In der Folge kam Sandra ein Jahr lang jeden Freitagnachmittag nach Austin und fuhr jeden Sonntagnachmittag zurück nach Fort Worth. Sie sagte an keinem einzigen Wochenende ab und verbrachte die Sommerferien ganz bei uns.

Ich trug ihr auf, zu Fuß zu gehen und den Golfbag zu tragen, wann immer sie auf den Golfplatz ging. Dies war eine notwendige Maßnahme, um ihr zu mehr Kraft zu verhelfen und ihre Beinmuskulatur zu stärken. Was bewirkt, daß man den Ball weiter schlagen kann.

Eines Tages unterrichtete ich in unserem Club am Riverside Drive gerade den Gouverneur Alan Shivers, als wir die kleine Sandra sahen, die sich mit einem großen roten Lederbag auf dem Rücken abmühte.

»Dieses Kind müßte in einem Wagen fahren«, stellte Gouverneur Shivers fest.

»Nein, Sir«, entgegnete ich, »sie muß stärker werden.«

Worauf der Gouverneur mich anblickte und sagte: »Harvey, würden Sie es gern sehen, wenn Ihre eigene Tochter da draußen so einen riesigen Bag tragen würde?«

»Nein, Sir. Wahrscheinlich nicht«, gab ich zu.

Ich schickte einen Golf-Wagen zu Sandra. Aber als sie von der Runde kam, nahm ich sie beiseite und sagte: »Hol' Dir einen Golf-Caddie aus dem Pro-Shop und benütze ihn fortan. Denn ich möchte auf jeden Fall, daß Du über den Platz gehst, und nicht fährst.«

Nachdem sie ein Jahr mit Helen und mir verbracht hatte, ging Sandra auf die Tour. Heutzutage sind die meisten Tour-Spielerinnen ehemalige College-Team-Spielerinnen, die entsprechend bereits eine Menge Wettkampferfahrung haben.

Sandra hingegen mußte all das erst lernen, als sie auf der Tour begann, gegen die besten Golferinnen anzutreten. Es war eine harte Schule, durch die sie dabei gehen mußte.
Sandra rief oft von Turnieren aus an. Ich erinnere mich noch an den Anruf, als sie sagte: »Harvey, Sie müssen mir helfen. Ich unterschlage alle meine Abschläge.«
»Wie oft denn?«, fragte ich nach.
»Heute viermal«, antwortete sie.
Worauf ich sagte: »Ich wette, Du hast mehr Putts vorbei geschoben, als Du Drives geschlagen hast.«
Damit hatte ich ihre Gedanken wieder in die richtige Richtung gelenkt.
Sie rief mich auch am Abend vor ihrem US-Open-Sieg an, denn Sie benötigte etwas Bestätigung.
»Wünschst Du Dir den Sieg nur, oder hast Du ein echtes Verlangen danach?«, wollte ich von ihr wissen.
»Ich hab' das Verlangen«, versicherte sie mir.
»Dann laß' Gottes Hand auf Deiner Schulter ruhen. Wenn Du mit dem Sieg an der Reihe bist, wirst Du auch gewinnen«, versicherte ich ihr daraufhin.
Dies ist der Gedanke, der auch Sie Ihr Leben lang begleiten sollte.

BLV Verlagsgesellschaft mbH
München Wien Zürich
80797 München

Titel der amerikanischen Original-
ausgabe:
FOR ALL WHO LOVE THE GAME



Übersetzung aus dem Englischen:
Hella und Dieter Praun
Herstellung und Layout:
Sylvia Hoffmann
Druck: Ludwig Auer GmbH,
Donauwörth
Bindung: Conzella, München

Einbandgestaltung: Sander & Krause
Werbeagentur, München

Printed in Germany
ISBN 3-405-14950-9

Die Deutsche Bibliothek –
CIP-Einheitsaufnahme

**Harvey Penick**
Den Damen die das Golfspiel lieben /
Anregungen und Anleitungen
für ein besseres Golfspiel /
Harvey Penick und Bud Shrake
[Übers. aus dem Engl.:
Hella und Dieter Praun]. –
München ; Wien ; Zürich : BLV, 1996
Einheitssacht.: For all who love
the game<dt.>
ISBN 3-405-14950-9
NE. Shrake, Bud:

# Notizen

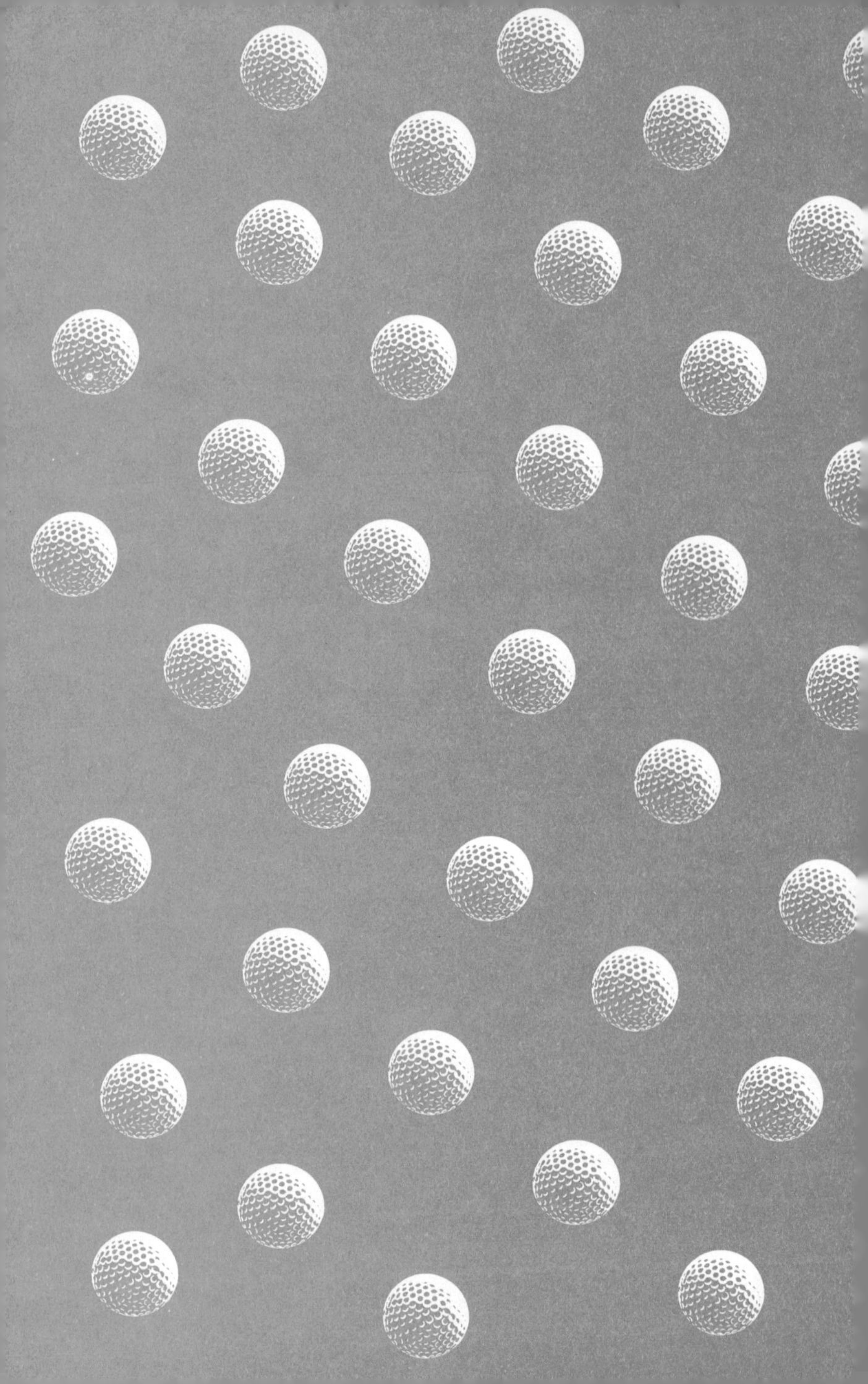